法思想史入門

西村清貴

成文堂

はじめに

　本書は、法の哲学、思想（本書はこの言葉を互換的に用いる）を歴史的に取り扱う法思想史の入門書である。ここでは、本書の特徴の紹介や見取り図の提示もかねて、本書を規定している著者の法思想史観について簡単に説明しておこう。

　一般に、法を哲学的観点から考察しようとする法哲学・法思想史という学問分野においては、二つの大きな潮流が存在すると捉えられてきた。すなわち、法実証主義と自然法論である。この二つの立場については様々な説明があり得るが、最大公約数的な理解は以下のようなものだろう。

　法実証主義にとって、法とは実定法のことであり、実定法に尽きる。法実証主義の立場からすれば、実定法以外に法は存在しない。これに対し、自然法論は、確かに実定法の存在は認めるが、しかし、法は実定法に尽きるのではなく、自然法と呼ばれる、より高次の、正しい法の存在が認められるべきであると主張する。実定法は自然法によって導出されるかあるいは許容されるものでなければならない。もし実定法が自然法に反するならば、そのような実定法は法と呼ぶに値しない。このような理解に立つならば、以下のような見解が主張されるだろう。法実証主義と自然法論が法哲学、法思想史を二分する思想である以上、すべてとはいわなくともほとんどの法思想家は法実証主義者であるか自然法論者であるかのいずれかであるはずであり、それぞれの法思想家の思想における核心部分がそのいずれであるかを明らかにすることには、大きな学問的意義がある、と。

　このように法実証主義と自然法論とを二分するという枠組みを共有することにより、法哲学という学問は発展してきたといえる。しかし、このような形で法思想を二分する見方は、いずれかというと近年の法哲学における問題関心を過去の思想家たちの営みに投影するものであるという側面も存在する。実定法と自然法の区別それ自体は確かに古くから知られていたが、法実

証主義と自然法論を二分して捉える見方が自明視されるようになったのはおそらくは19世紀後半くらいからではないかと思われる。

　むしろ本書は、哲学と法はどのような関わりを有してきたのかという観点から法思想史を提示したい。ここで本書が「哲学」という言葉で呼ぶのは、第一義的には「人間はいかに生きるべきか」、「人間にとって正しい生き方とはなにか」という問いを取り扱う学問である。もちろん、このような問いが哲学が取り扱う唯一の問いであるわけではないことは明らかであるし、本書において用いられている哲学という語がすべてこのような意味で用いられているわけでもない。しかし、哲学史の観点から見れば、最初のビッグネームであるソクラテスが示しているように、この問いが哲学において最も重要な問いの少なくとも一つであることも疑い得ないであろうし、本書が取り扱う多くの思想家にとっても、この問いは決定的な問いであった。そして、本書の理解では、法思想史にとって最も重要な問いは、「人間はいかに生きるべきか」、「人間にとって正しい生き方とはなにか」という問いと法は関わるのかどうか、もし関わるとするならばそれはどのように関わるのか、という問いである。

　本書が**古典的自然法論**と呼ぶ思想の問題意識は、まさにこのような観点から法を取り扱うことにあった。古典的自然法論の特徴をなすものは、「人間はいかに生きるべきか」という問いに対する答えの基準として自然という概念を用いること、すなわち、自然によって人間に生きる目的が刻み込まれているという発想である。古典的自然法論によれば、我々が生きるこの宇宙ないし自然にはあらかじめ定められた目的が存在する（目的論的自然観）。そして、この宇宙ないし自然の一部である人間にも、当然ながら、目的があらかじめ定められている。人間において定められたこのような目的は、しばしば（最高）善や幸福、（人間の）自然本性とも換言される。このような人間の自然本性の存在を前提として、みずからの自然本性を実現せよという神や自然が提示する指示およびそこから導かれるルール、それが自然法である。古典的自然法論の代表的な主唱者としては、古代のアリストテレスやストア派、中

世のトマス・アクィナス、そして近代におけるジョン・ロックらが挙げられる。しかし、彼らのいずれもが「人間の自然本性は存在する」と考えていたとしても、彼らの考える自然本性が共通するわけでは必ずしもなく、彼らの自然本性観に応じて、自然法の内容は様々なものとなる。

　しかし、時代が進むにつれて、自然を正しさの基準とする古典的自然法論には強い批判が向けられることとなる。近代以降の時代においては、しばしば、自然は単なる自然法則に従って動くものにすぎず、自然を理解するために自然の目的なるものを想定することは無意味であり、有害であると考えられる。このような自然観を前提として、イマニエル・カントやG・W・F・ヘーゲルに代表される**理性法論**が現れる。理性法論の特徴は、古典的自然法論に見られる人間の自然本性論を意識的にしりぞけつつも、自然法は理性によって導き出すことができると考える点にある。理性法論は、自然の目的や神の意図、そしてそこから導き出される人間の自然本性を人間が認識することができる、という発想を非学問的であるとしりぞける。しかし、このことは、自然法が存在しないことを意味するわけではない。理性法論は、自然法は人間自身が理性を通じてみずから生みだすものであると捉える。古典的自然法論もまた必ずしも理性を軽視するわけではないが、理性法論はもっぱら理性によって自然法を見いだそうとする。それゆえに、古典的自然法論と区別された理性法論という名称がしばしば、用いられることとなる。

　さて、このような自然法論に対置されるのが法実証主義である。すでに見たように、法実証主義とは、さしあたり、実定法のみを法と捉えるという立場であるが、しかし、このような説明は法思想史上、有意義な知見をほとんど与えない。問題が「実定法とはなにか」という問いに移るだけだからである。

　むしろ、ここで注意したいのは、法実証主義という立場には、一方では実証主義と呼ばれる哲学上の見解を法学に適用した立場と、他方では実定法主義という立場が混在していることである。前者の特徴は、経験的に認識可能な法（事実としての法）のみを対象として捉えることにある。一般に、経験的に認識可能な事実のみを学問の対象とする立場を実証主義といい、実証主義

という語はオーギュスト・コント（1798年‐1857年）によって初めて確立したとされるが、実証主義という考え方そのものはコントよりもはるかに古い。そのため、以下では、コントの用語法にこだわりすぎずにこの言葉を用いることとしよう。

　さて、このような実証主義の考え方を法学に適用した立場をさしあたり、**経験論的法実証主義**と呼ぼう。この考え方によれば、自然や人間の目的を出発点とする古典的自然法論が説くような自然法は経験的認識の対象とならない（目的なるものが存在するとすれば、それは各人がみずから見いだすものにすぎない）。その意味では、経験論的法実証主義と理性法論の出発点は大きく重なる。しかし、経験論的法実証主義は、もっぱら理性によって導かれる理性法もまた経験的認識の対象とはならないとも考える。彼らにとって法とは、経験的に認識可能なもの、すなわち人間の行態によって生み出されたものであり、このような法こそが実定法と呼ばれる。このような実定法の代表例としては、法律や判例、慣習法が挙げられる。そして法とは、このような意味での実定法に尽きる。経験論的法実証主義の代表的な主唱者は、トマス・ホッブズやジェレミー・ベンサムであり、20世紀において経験論的法実証主義はH・L・A・ハートによって洗練された形で整えられることとなった。

　法実証主義と呼ばれる立場において、このような経験論的法実証主義が有力な立場であることは間違いがない。しかし、一般に法実証主義と呼ばれてはいるが、経験論的法実証主義に対して明確に対立、あるいは経験論的法実証主義の根底にある実証主義的な学問観に対して明確に対立する立場も存在する。このような立場は、確かに実定法のみが法であるという考えを経験論的法実証主義とは共有するが、たとえば、実定法は経験的に確認できないが確かに存在すると主張したり（F・C・v・サヴィニー）、実証主義的な学問観を法学に持ち込むべきではないと主張する（ハンス・ケルゼン）。このように、一般に「法実証主義」と呼ばれる学派の中でもしばしば全く矛盾する議論が行われていることを考えれば、「法実証主義対自然法論」という構図は、客観的な対立というよりは、しばしば論者の（法）哲学観に引き寄せて作られ

た構図であると理解されるべきだろう。このような構図は、法哲学にとって
はともかく、法思想史にとっては必ずしも有意義ではない。本書は、このよ
うな構図にこだわりすぎずに、それぞれの思想家の背景にある哲学観に注目
しつつ論じていきたい。

　本書は、あくまでも入門書であり、法思想史上の様々な立場を網羅的に取
り上げるものでは決してない。しかしながら、本書によってさしあたりの流
れを理解することはできるだろう。本書を通じて多少なりとも法思想史に関
心を持った読者には、是非とも本書が取り上げた思想家の原典や当該思想家
の研究書について取り組んでいただきたい。そのような作業を通じて、本書
はそれぞれの思想家の興味深い議論のほんの一部を取り上げたにすぎないこ
とが理解できるだろう。

　ここで本書に関する注意事項をいくつか述べておこう。本書を執筆するに
あたっては、既存の邦訳に多大な恩恵を被っている。また、入門書という性
質上、執筆にあたって参考した先行研究につき、適宜指摘することはできな
かったし、本書末尾で挙げた参考文献も、網羅的なものとはいいがたい。読
者に優先的に触れてほしいもの、触れやすいであろうものを挙げた。学問が
先行研究との格闘によって成り立つ以上、自身が参考とした先行研究を挙げ
るのは本来、当然のことであるが、著作の性質に伴う制約についてはご理解
いただければ幸いである。

　なお、本書の完成につき、前著（西村清貴『近代ドイツの法と国制』（成文堂、
2017年））に引き続き成文堂編集部の篠崎雄彦氏にお世話になった。ここで、
これまでいただいた励ましについて感謝を述べておきたい。本書は、おそら
く篠崎氏が当初期待していた、包括的・体系的な著作とはならなかったが、
このような著作の完成は今後の課題とさせていただきたい。

　　2020年1月

　　　　　　　　　　　　　　　　　　　西　村　清　貴

目　次

1

プラトン

　本書はソクラテスとプラトンから法思想史を始める。哲学史においては、彼らが（古代ギリシアにおける）最初の哲学者というわけではないし、彼ら以前の議論が法思想史にとって重要性を持たないわけでもない。とりわけ、記録に残る限り最古の哲学者と呼ばれるタレス（紀元前624年頃 − 紀元前546年頃）が自然という概念を哲学の主要な題材として取り扱ったことは、のちにおける自然法論の発展との関係で無視できない事実である。しかし、それでもやはり、法思想史の入門書である本書がソクラテスとプラトンから法思想史を始めるのは、彼らが提示した「人間はいかに生きるべきか」という問いが法思想史にとって決定的な問いと考えるからである。彼らは、遵法義務や国家における正義といった今日の法哲学においても頻繁に扱われるテーマを取り扱った。しかし、彼らにとって哲学とは、なによりもまず、「人間はいかに生きるべきか」という問いに対して答えるものであったと捉えられなければならない。このことは、今日の我々が、「法とはなにか」、「社会や国家における正義とはなにか」という問いと、「人間はいかに生きるべきか」という問いを切り離して考えがちであるがゆえに、強調される必要がある。

1
生涯と著作

　プラトンは、紀元前427年、おそらくはアテナイ西方海上のアイギナ島に生まれた。父母はともにアテナイの名家出身であった。若き日のプラトンにとって最も決定的な出来事は、師であるソクラテス（前470/469年 − 前399年）との関わりである。伝承によれば彼らの出会いが劇的なものであったように描かれることがあるが、しかし、多くの研究者は、プラトンの親族が古くか

らソクラテスと親密な関係にあったことを考えれば、プラトンはすでに幼少期からソクラテスと顔見知りの関係にあったであろうと推測している。ソクラテスが与えたプラトンに対する影響の大きさは、たとえば、後期と目されているいくつかの著作を除いたプラトンのほとんどの著作において、ソクラテスが主要な語り手の役割を担う対話篇形式を取っているという点を取り上げただけでも理解できるだろう。

　ソクラテスとの交流に次いで、若きプラトンにとって大きな影響を与えた出来事は、ソクラテスの刑死であろう。前399年、ソクラテスは国の認める神々に対し不敬の罪を犯し、また、若者たちに悪影響を与えたという理由によって裁判にかけられ、死刑に処されることとなる。このような出来事こそが、プラトンに正しい国家の必要性を痛感させ、のちの『国家』執筆の大きな動因となったと考えられてきた。ソクラテスの死後、プラトンは、『ソクラテスの弁明』や『クリトン』、『ゴルギアス』といった、現実のソクラテス自身が行った言論活動を比較的忠実に記録したと目されているいわゆる初期対話篇や、プラトン独自の哲学が現れてくる『国家』等の中期対話篇の執筆作業を行うこととなる。

　前387年頃、南イタリアおよびシチリアに旅行に赴いた際、プラトンはシチリア島のシュラクサイの僭主ディオニュシオスⅠ世に招聘を受け、彼の義弟のディオンに大きな影響を与えることとなる。おそらくはディオニュシオスⅠ世とプラトンの間に不和があったのだろうか、このシュラクサイ訪問は急遽打ち切られ、プラトンは追い出されるように島を去ることとなる。よく知られた、プラトンが奴隷として売り飛ばされそうになったという逸話が起こったのは、この旅行からの帰路、アイギナ島での出来事である。

　アテナイに戻ったプラトンは、これまでも行われてきた著述活動と並行して、前387年頃、アカデメイアという学園を創設することとなり、アリストテレスのほかにも多くの弟子たちを輩出している。この学園は、529年、ユスティニアヌスⅠ世によって閉鎖が命じられるまで存続することとなる。

　前367年、ディオニュシオスⅠ世が逝去し、ディオニュシオスⅡ世が王位

に就く。その後見人であったディオンは、プラトンが『国家』で示した哲人王政を実現する絶好の機会であるとしてプラトンの招聘を試み、プラトンはこれに応じて再びシチリアを訪ねることとなる。しかし、そこでプラトンは、ディオンとディオニュシオスII世を中心とした政治闘争に巻き込まれ、ほとんど幽閉の身となる。一度は帰国を許されるが、ディオニュシオスII世の再三の要請に応じ、三度プラトンはシチリアを訪れることとなるが、ディオニュシオスII世のディオンに対する処遇をめぐって両者の関係は険悪なものとなり、プラトンは命からがら逃亡する羽目になる。このようなシュラクサイにおける失敗こそが、晩年のプラトンをして、現実主義（哲人王の後退と、法と制度による支配の重視）に向かわせたのだとする理解が通説的であるが、しかし、プラトンはすでにシュラクサイにおける試みの際に、現実主義的な視点を有していたことを指摘する研究もあり、このシュラクサイの一件がプラトンの法・政治思想を根底から変化させたと即断するべきではないかもしれない。

　帰国後もプラトンの著述活動は続けられ、いわゆる後期の代表的著作としては、『ティマイオス』や最後の著作であると推測される『法律』がある。前347年にプラトンは亡くなった。

・❷・
ピュシスとノモス

　ソクラテスおよびプラトンの法思想史上のさしあたっての論敵はソフィストと呼ばれた人々であった。ソフィストとは、市民に対して教育、とりわけ徳に関する知識を授けるという名目の見返りに、授業料を受け取る職業的教育者たちであるとしばしば説明される。徳（卓越性）とは、市民としての能力を意味し、古代ギリシアにおいてもっとも尊ばれていたものであるが、しかし、実際にソフィストが行っていたのは、他者を説得する活動、すなわち言論活動を通じて社会において成功する術を教示することであったとされる。これらソフィストが行った、法思想史上最も重要な主張の一つとして

ピュシス（自然）とノモス（人為的な掟や慣習）の区別がある（ただし、この区別
が必ずしもソフィストのあいだで広く共有されていたとまではいえないと思われる）。総
じて、ピュシスとノモスを対置することによって、人間が生まれ持つ不変の
自然本性が人為的な掟によって束縛されているということが強調され、ピュ
シスの観点からノモスの恣意性、相対性が論難されることとなる。

　ただし、論者のあいだで、人間の自然本性とはなにか、という問いに対す
る答えが一致しているとはいえない。たとえば、ソフィストの一人であるア
ンティポン（前480年頃 – 前411年）によれば、ノモスはギリシア人と外国人を
区別しているが、ピュシスから見れば両者は人間という点において同様の身
体能力を有しており、平等な存在であるとされる。しかし、法思想史上もっ
ともよく知られており、また、プラトン哲学に最も関係するのはプラトンの
『ゴルギアス』において登場するカリクレスや、『国家』に登場するトラシュ
マコス（前5世紀 – 前4世紀）の主張であろう。カリクレスについては、実在
の人物ではなくプラトンによる創作上の人物である可能性も高く、また、ト
ラシュマコスは実在したようだが、現実のトラシュマコスと『国家』におい
て描かれたトラシュマコスがどこまで一致するかは明らかではない。しか
し、法思想史において、ソフィストが行った典型的な主張は、彼らによって
代表されることが多い。カリクレスは、「強者が弱者を支配すること」は動
物のあいだであれ、人間のあいだであれ、ピュシスに合致しており、正義で
あるにもかかわらず、現実の社会においては弱者たちが協力し、ノモスに
よって弱者が強者を支配していると論ずる。また、トラシュマコスは、正義
とは、人々によって合意されたノモスにすぎず、ピュシスにおいては人間は
常に不正（自身の利益のみの追求）を行うものであると説く。

　このようにピュシスとノモスを鋭く対置し、前者の観点から後者を批判す
るソフィストたちの議論が、法思想史においてしばしば自然法論の先駆と捉
えられることがないわけでもない。しかし、プラトンや、それに引き続く、
本書が古典的自然法論と呼ぶような思想は、このようなピュシスとノモスの
あいだの根源的対立を克服し、前者に後者を基礎付ける発想に基づいている

といえる。むしろ、自然法論はこのようなピュシスとノモスの対立を克服することによって生じる、と捉えるのが適切であろう。以下では、ソフィスト批判を中心にプラトンの議論を見ていこう。

・❸・
善き生

　プラトンの哲学は、師ソクラテスの哲学を基本的に継承していると考えられる。ソクラテスにとって、哲学とは「魂ができる限り優れた、善きものになるようにするための配慮」であり、このような配慮は具体的には徳に対する配慮であり、そして徳とは具体的にはどのようなものなのかを求める知恵に対する配慮であるといえるだろう。換言すれば、ソクラテスにとって哲学が扱うべき最も重要な問いは「人間はいかに生きるべきであるか」、「正しい生き方とはいかなるものであるのか」というものであった。このような観点から、ソクラテスはソフィストたちの議論が真の意味での哲学に値しないと論難したのである。

　すでに述べたように、ソクラテスは、神々に対する不敬と自身がアテナイの若者を堕落させたという理由により、死刑判決を下された。これに対する弁明の記録が『ソクラテスの弁明』であるが、その続編ともいえる『クリトン』は、死刑執行が行われる直前のソクラテスの元に、友人のクリトンが脱獄を勧めるためにやってくるところから始まる。このような勧めに対しソクラテスは、大切であるのはただ生きることではなく、善く生きること、つまり、美しく、正しく生きることだ、と宣言する。そして、ソクラテスによれば、誤った判決であろうと、受け入れず拒否することは、国家とソクラテスの間での取り決めに反する。ソクラテスに限らず、アテナイ市民は、国家の手によってこの世に生を受け、養育され、教育を受けた。それゆえソクラテスは、国家の子供や奴隷のようなものである。国家とソクラテスは対等の立場ではない。国家の判断についてソクラテスが気に入らないからといって、ソクラテスが国家にできることなど、説得することを除けばなにもないの

だ、とソクラテスはいう。また、ソクラテスは、ほぼ全くといっていいほど、アテナイから出て行くことがなかった。それはソクラテスがアテナイに満足していた証拠である。それにもかかわらず、判決が気に入らないからアテナイから出て行くということは、アテナイとの約束を破ることになるのだ、と正義がソクラテスに語りかけるだろうという。このような理由から、ソクラテスは、クリトンの誘いを断り、甘んじて刑死を受け入れることこそが善く生きることなのだ、と説く。ここでは、なにより重要なのは（ただ生きることではなく）善く生きることである、というソクラテスの哲学が鮮明に現れている。

　プラトンもまた、「人間はいかに生きるべきであるか」、「正しい生き方とはいかなるものであるのか」という問いに答えることこそが哲学における最も重要な問題であるというソクラテスの関心を明確に受け継いでいる。プラトンの代表作である『国家』においても議論の主題となっているのは、少なくとも第一義的には、まず、（国家の正しいあり方ではなく）人間の正しい生き方であると理解すべきであろう。『国家』においてプラトンは、先に確認した、トラシュマコスのような議論に対し、人間はなによりも正しく生きるべきであると応ずる。その上で、プラトンが国家における正義について論じるのは、同じ正義というものについて論ずるならば、個人よりも大きい国家の正義について検討する方が、より容易であるからとされる。

　プラトンによれば、国家は、人間の生活に分業が必要であることから成立する。このような分業の中でもとりわけ重要なのが、軍人である。軍人は農民としての仕事や職人としての仕事に携わらず、もっぱら戦争を行う仕事に専念する存在であり、このような軍人には、知を愛し、気概があり、敏速で、強い人間であることが要求される。プラトンはさらにこのような軍人の中から最も優れた人々が選び出されるべきだとし、このような人々を守護者と呼び、彼らをほかの軍人（補助者と呼ばれる）と区別した上で、このような守護者が補助者の助けを借りつつ農民や職人といった金儲けを業とする生産者を統治する国制こそ、理想の国家であるとする。

　ところで、プラトンは、このような国家の守護者を選抜し、育成する方法について詳細に論じているが、ここで注意しておきたいのは、よく知られた、私益の追求や争いを避けるためには私有財産は認められず、また妻子は共有されなければならないといったプラトンの議論は、基本的にはこのような国家の守護者にのみあてはまる議論だということである。

　このようにプラトンは守護者（統治者）、補助者（軍人）、生産者（農民や職人）からなる理想の国家の概略について述べた後に、それが完全な意味ですぐれた国家であるならば、知恵、勇気、節制、正義（これらは古代ギリシアにおける枢要徳と呼ばれるものである）といった徳が見いだされるはずであると説く。これらの徳のうち、知恵は、先に見た階層のうち、守護者に見いだされ、勇気は補助者に見いだされる。さらに、プラトンは、節制とは快楽や欲求をみずから制御すること、魂のすぐれた部分が劣った部分を支配することであるとした上で、このような節制を国家にあてはめるならば、すぐれた人々が劣った人々を支配することを意味すると説く。プラトンによれば、国家における節制とは、このような支配関係が国民のあいだで同意されていることであるとされる。このような意味で、節制は国民すべてに割り当てられる徳である。さらにプラトンは、正義とはみずからの分をわきまえることを指すという。換言すれば、守護者が守護者の任務を、補助者が補助者の任務を、生産者が生産者の任務を果たすことが、先に見た三つの徳とならんで国家の徳へと寄与するものであり、このことこそ正義なのである。逆に、三つの階層のあいだで余計な手出しがなされたり、仕事が交換されたりするならば、それは国家に対する最大の害悪であり、不正であるとされる。さて、このような国家における徳に関する議論は、個々の人間の正義に関する議論についてもあてはまる。プラトンによれば、個々の人間の魂には、理知的部分、気概的部分、欲求的部分の三種の部分がある。これらはそれぞれ国家における守護者、補助者、生産者に対応するものである。これらの魂の三部分のうち、支配を行うのは知性という徳を担う理知的部分であり、勇気という徳を担う気概的部分がそれを助ける。さらに、節制という徳によって、それ

それの部分が、「理知的部分こそが支配するべきだ」と合意することとなる。そして、魂の各部分が各部分としての役割を果たすことが正義ということとなる。さて、このようにして、正義とはなにか、という問題に対しては解答が与えられた。しかし、プラトンが証明しようとした元々の主張は、「人間は正しく生きるべきである」というものであった。この問いに対してプラトンは、おおむね以下のように答える。正しい人でなければならないのは、知性が支配することによって魂に調和がもたらされるからであり、逆に不正な人は欲求に引きずられる人間、いわば自身の魂における奴隷の部分に引きずられる人間となるのであり、このような人間は不正であるだけでなく、惨めな人間である。このようにして、プラトンにおいては正義の人であることと幸福な人であることが調和するのである。

　ところで、プラトンのよく知られた思想として哲人王政がある。すなわち、プラトンによれば、真実を愛する哲学者が王（守護者）でなければならず、そうでなければ国家にとって不幸のやむときはないとされる。このような議論の背景には、プラトンのイデア論がある。プラトンの考えでは、たとえば、我々が感覚的に把握できる美しいもの（美しい絵画、美しい声等）は、時には美しく、時には醜い、不完全なものであるにすぎない。プラトンによれば、これらの不完全に美しいものを追求することは、幻影を実物と取り違えているにすぎない。このような不完全に美しいものは、美そのものをいわば分有する（分け持つ）ことにより美しくあるにすぎず、本来、人間が求めるべきであるのは美そのもの、すなわち、美のイデアであるとされる。逆からいえば、我々が感覚的に知覚できる美しいものは、美のイデアの不完全な現れであるということとなる。このような考えに立てば、このような物事の本質であるイデアを、とりわけすべてのイデアのあいだに調和をもたらす善のイデアを認識する哲学者こそが、最も正しい人間であり、最も幸福な人間であるといえるだろうし、イデアを知るこのような哲学者によって統治され、人間の魂が改善されるような国家こそが理想の国家といえるだろう。

　このような観点からすれば、「人間はいかに生きるべきか」という問いと

正しい国家の追求の関係は、おそらく以下のように考えることができる。すでに見たように、プラトンの目的は、国家における正義を確認することによって、人間における正義を確認する、というアナロジーに基づいている。しかし、おそらくプラトンの意図はそれだけではなく、同時に、プラトンにおける国家には「人間の魂の状態の改善」が期待されており、このような魂の状態の改善を最大限にもたらす国家こそが最も正しい人間が統治する哲人王政ということとなるだろう。

　現代の観点から見れば、このようなプラトンの議論を全体主義的、専制主義的な議論であると評価することは容易である。しかし、プラトンの議論において最も重要であるのは、国家という全体に比べて個人は無に等しい、という点ではない。プラトンの主たる関心は常に、人間はいかに生きるべきか、という点にあるのであり、正しい人間を育成するためにはいかなる国家が成立しなければならないのか（ただし、プラトンにおいて、正しい国家が存在しなければ、正しい人間が成立しないわけではない）、という点が『国家』において論じられているのである。プラトンの国家論が有する最大の特徴は（そして、今日の我々の理解を大きく拒む点は）、それが全体主義的、独裁的性格を持っていることではなく、「人間の正しい生き方とはなにか」という問いには明確な答えがあり、国家という存在もまた、その答えを実現するために形成されねばならない、という点にあるといえるだろう。プラトンの考える最も正しい人間とは、先に見たように善のイデアを認識する哲学者であるだろうが、必ずしもこのような人間が政治に関心を持つとは限らないとプラトンは考えている。しかも、このような哲学者は、イデアを説明するために持ち出された有名な洞窟の比喩（洞窟の中で入口に背を向けて固定されている囚人は背後の火によって前面の壁に映じる人や動物の影を実在と思い込む。一人の解放された囚人が影の本体を見、ほかの囚人にそれを伝えたところで，ほかの囚人たちはやはり影のほうを真実と思い込み、自分たちを外へと連れ出そうとする解放された囚人を殺してしまうだろうという比喩）が示しているように、そして師ソクラテスがそうであったように、イデアを認識しない人間に殺されてしまう可能性も高いであろう。それ

にもかかわらず、哲学者はこの世の人間をみな正しい人間とするために、義務感を持って政治に携わらねばならない、とプラトンは説く。このような議論は、哲学と政治が決して切り離すことのできないものであるというプラトンの関心を表しているだろう。

　このような、「人間はいかに生きるべきか」という問いとその解答は長いあいだ、西洋法思想の根底に存在し続けたものであり、プラトンにおいては前面には現れない「自然法とはなにか」という問いもまた、この「人間はいかに生きるべきか」という問いと密接な関連の中で現れてくるのである。

・❹・
善き宇宙

　法思想史あるいは自然法論史においてプラトンを適切に位置付けるためには、ひょっとすると『国家』よりも『ティマイオス』の方が重要であるかもしれない。晩年に執筆されたと推測される『ティマイオス』は未完の続編『クリティアス』、そして『ティマイオス』における記述を踏まえれば執筆される予定であったはずの『ヘルモクラテス』とあわせて三部作を構成するものであったと考えられる。かの有名な、大西洋上に存在していたが、プラトンの時代の9000年前に海底へと沈んだとされるアトランティス大陸の伝説が語られるのも、この『ティマイオス』および『クリティアス』においてである。

　『ティマイオス』において取り上げられているのは、この宇宙の生成に関する神話である。我々が生きるこの宇宙は最善の宇宙であるが、それは制作者であるデミウルゴスが、イデアを参照して作り出した世界であるからである。このような意味で、人間も含めたこの宇宙は最も美しく、最も善く、最も調和した世界であり、人間もまた、このような宇宙の調和に従って生きるべきということとなる。すなわち、プラトンによれば、生まれてきたときに損なわれてしまった我々の頭の中の回転運動を、万有の調和と回転運動に学んで是正し、自然の姿に戻ることこそが神々によって人間に課せられた最善

の生を全うするための手段とされているのである。

　よく知られたアトランティス大陸沈没の伝説にしても、（すでに述べたように『クリティアス』は未完のため、必ずしも判然とはしないが）いまや道徳的に頽廃したアトランティス人がゼウスを筆頭とする神々によって罰を与えられる、という構図となっている（堕落した生をおくった者にはなんらかの罰という報いがあるというこのような神話は『国家』のようなほかのプラトンの著作でも語られている）のは、我々が生きる宇宙が善き宇宙であることの表れと考えられる。

　『ティマイオス』において示されている思想を簡単にまとめるならば、我々が生きるこの宇宙あるいは自然は善い存在であり、このような善き宇宙（自然）に従って生きることこそが人間の正しい生き方である、ということとなるだろう。このような発想においてプラトンはノモスとピュシスの鋭い二項対立をしりぞけ、善き宇宙という理念がこの世界（自然）と人間とをともに貫いていることを示そうとしている。

　法思想史上、古典的自然法論の祖を誰に求めるか、という点については様々な議論が行われてきており、しばしば多くの研究者はこの答えをアリストテレスやストア派の哲学者たちに求めてきた。プラトンが古典的自然法論の祖と呼ばれることが少ない理由のうち、少なくとも一つは、一般に、プラトンが自然という概念に対して立ち入った検討を加えていなかったと理解されていることにあると思われる。初期対話篇の一つである『パイドン』においてプラトンはソクラテスに「若い頃は自身も（プラトン以前の哲学において主要な関心対象であった）自然学的探求に熱中したが、結局のところ自分はそのような探求には不向きであった」と語らせている。そして、プラトン哲学が自然に対して無関心であるというこのような理解は、まさにアリストテレス本人が『形而上学』においてプラトンのイデア論に対して、それは我々が生きる世界、すなわち自然と関係がない無意味な理論であると論難することによって増幅される。しかし、「我々が生きるこの自然や宇宙は善きものであり、人間に備わった自然に従って生きること（自然本性の追求）が人間の正しい生き方である」という思想を古典的自然法論の核心部分であると捉えるな

らば、『ティマイオス』において明らかとなるような、デミゥルゴスを通じてイデアが自然を、そして人間を貫いているというプラトンの思想こそが、古典的自然法論という思想の萌芽であるといえなくもないだろう。しばしば、思想史においては、プラトンは、我々が生きるこの世界（自然）を超越した世界（イデア界）に関心を向けたのに対し、その弟子であるアリストテレスは我々が生きるこの世界（自然）そのものに関心を向けた、と説かれることがあるが、『ティマイオス』をプラトン思想の完成形と見なすことができるならば、両者の距離はさほどは遠くないこととなるだろう。

アリストテレス

　法思想史においては、一般に、アリストテレスこそが古典的自然法論の創始者（あるいは先駆者）として取り扱われることが少なくない。すでに確認したように、自然（ピュシス）を正しさの基準とする思想はすでにソフィストたちに見いだすことができるし、また、後期プラトンに古典的自然法論の萌芽を見いだすこともできる。さらに、アリストテレス自身は自然法（あるいは自然的正）という言葉をごくわずかにしか用いなかった。それにもかかわらず、これらの事実は、アリストテレスが古典的自然法論の成立において有した意義をいささかたりとも減ずるわけではない。この意義とは、彼が明確に目的論的自然観を説いた上で、人間の目的、使命、役割をこのような自然観に沿って説明したところに求められるだろう。すなわち、彼の思想の根本にあるのは、この世界の自然には目的が存在し、そして自然の一部である人間にもまた目的が、すなわち自然本性が存在するという考えである。アリストテレスにとって倫理学の目的は、道徳的に正しい人間になる道筋を教えることであるが、人間はみずからの自然本性を実現することによって正しい生き方を行うことができる。それゆえ、人間は自然によって与えられたルールに従わなくてはならない。このような思想を明確に提示した点において、アリストテレスは古典的自然法論の創始者とみなされているのである。

❶
生涯と著作

　アリストテレスは、紀元前384年、当時、マケドニアの支配下にあったスタゲイアに生まれた。彼の父はマケドニア王アミュンタスの侍医であり、アリストテレスの自然科学に対する関心は、ここにいくらかは由来するものか

もしれない。アリストテレスは、17歳の時にプラトンが設立したアテナイの
アカデメイアに入学し、約20年間アカデメイアにとどまった。この時期にア
リストテレスはいくつかの著作（対話篇形式のもの）を残しているのだが、ご
く断片的にしか伝承されていない。プラトンの死後、アリストテレスはアカ
デメイアを離れ（アカデメイアの学頭となったのはプラトンの甥のスペウシッポス
（前400年頃 - 前339年）である。アカデメイアを離脱した理由については諸説あるが、そ
もそもアリストテレスが、当時アテナイと政治的緊張関係にあったマケドニア人であった
ということを考慮する必要があろう）、僭主ヘルミアスの招きに応じて、小アジア
のアッソス、そしてレスボス島へと移住した。この時期における調査研究が
アリストテレスの生物学研究の基盤となったと考えられる。その後、アリス
トテレスは、当時のマケドニア王であるピリッポスII世の招きで、アレク
サンドロス王子（後のアレクサンドロス大王）の教師となる。ピリッポスII世
の暗殺に伴いアレクサンドロスが王位を継承した翌年、アリストテレスはア
テナイに戻り、リュケイオンという学園を設立する。今日、アリストテレス
の主要著作といわれているものの大半は、この学園で行われた講義のための
（必ずしも公刊を予定していたとは限らない）ノートが、アリストテレス哲学を受
け継いだ逍遙学派（ペリパトス派ともいわれる）の哲学者アンドロニコスによっ
て紀元前1世紀に編纂されたものと目されている。

　リュケイオンそれ自体は非常に隆盛を遂げたが、しかし、アリストテレス
の晩年は不幸なものであった。前323年、アレクサンドロス大王の病死を
きっかけにアテナイにおいて反マケドニアの機運が高まり、アリストテレス
も神に対する不敬罪を理由として告訴されることとなる。アリストテレスは
裁判を待たずして、エウボイアのカルキスへと逃亡する。その際、アリスト
テレスは「アテナイ人が再び哲学を冒涜することがないように」とソクラテ
スにみずからをなぞらえる発言をしたとする伝承が残されている。アリスト
テレスは、逃亡直後の前322年、病没することとなる。

　その後、アリストテレス哲学は、ヨーロッパにおいて絶え間なく継承され
たわけではない。その後のヨーロッパを席巻することとなるキリスト教はア

リストテレス哲学に対して決して好意的であったわけではないからである。しかし、そのあいだ、イスラム圏においてアリストテレス哲学は継承されており、12世紀頃においてアリストテレスの再発見とでもいうべき現象がヨーロッパで生じ、アリストテレスの著作がアラビア語からラテン語へと翻訳されることとなる。このようなアリストテレス再発見による最大の成果の一つが、13世紀において行われたトマス・アクィナスによるアリストテレス哲学とキリスト教との結合である。

　すでに述べたように必ずしもアリストテレス自身が厳密な意味で著述したわけではないとしても、アリストテレスは非常に多分野にわたった多くの著作を残している。代表的な著作としては『カテゴリー論』、『自然学』、『形而上学』、『ニコマコス倫理学』、『政治学』が挙げられる。本書は、『ニコマコス倫理学』を中心としてアリストテレスの議論を紹介していくが、その前に、アリストテレス哲学の根底にあると思われる思想、すなわち目的論的自然観について確認しておこう。

・❷・
目的論的自然観

　アリストテレス哲学に関する説明は、しばしばプラトンのイデア論との対比から説き起こされることが多い。プラトンが天上にあるイデアこそが真の意味で人間が認識すべき対象として捉えたのに対し、アリストテレスは経験的に確認できるもの、とりわけ生物学から多くを学んだ。このような、おそらくはアリストテレス自身の説明に少なからず由来するプラトン理解が適切であるかどうかはともかく、アリストテレス哲学はしばしば上記のように理解されてきた。しかし、アリストテレスの自然観は、（今日から見て未熟であったというにとどまらず）根本においてかなりの程度、今日の発想と異なる。アリストテレスの学問全体の土台にあるこの根本的モチーフとは、自然は単に自然法則に従ってのみ動いているのではなく、自然には目的が存在し、目的に向かって動いているのだとする考え（目的論的自然観）である。このような

目的論的自然観を哲学史上初めて説いたのがアリストテレスだ、とはおそらくはいえない。自然は理性によって秩序を与えられているのだ、という思想は、アリストテレス自身も言及しているように、アナクサゴラス（前500年頃 - 前428年頃）によっても説かれているし、ほかの多くのソクラテス以前の哲学者にも共有されていた考えであると思われる。また、後期プラトンの思想にもこのような考えが見いだせないわけでもないだろう。しかし、アリストテレスによって、目的論的自然観が明確に提示され、後世の哲学者に対して極めて大きな影響を与えたのだ、とはいえるであろう。

　このような目的論的自然観を典型的に示しているのが、アリストテレスの有名な四原因説である。アリストテレスは、物事の原因を探求するためには、四種の原因を探求しなければならないとする。すなわち、（1）そのものがなにからできているかを説明する質料因、（2）そのものがなにであるかを説明する形相因、（3）そのものが成立するための動きや変化を説明する始動因、（4）そのものの目的である目的因である。家屋のような、人間によって作られた人工物についていえば、家を構成するレンガや木材が質量因であり、形相因は家という形態や構造であり、起動因は家の設計図、目的因は住むことや雨風をしのぐことであろう。このような説明は、人工物である家屋に対する説明としては特段、奇異なものではないだろう。しかし、アリストテレスは、自然（ここでは生物だけではなく無生物も含まれる）の探求においても、同様に四種の原因を確認する必要があると説く。すなわち、アリストテレスは、自然にも目的因が存在すると考える。アリストテレスの見解では、自然にはすべてあらかじめ目的がプログラム化されており、自然がみずからこのような目的に向かって運動するならば（このように、みずから運動することこそが自然の特徴であり、人工物と区別されるゆえんである）自然物としての完成が達成されるとされているのである。このような前提から、アリストテレスは、樹木の葉は果実を保護することが目的であるとか、空から雨が降るのは穀物を育てるためであるとか、蜘蛛が網を貼るのは餌を捕まえるためだといった説明を行う（もちろん、自然においても誤りは存在し、たとえば葉が果実を保

護しないとすれば、それは、本来の自然のあり方から外れたいわば奇形であるということ
となる）。自然法論において頻繁に用いられる自然本性とは、このように、自
然に内在する目的およびそれに向かって運動する自然の性質にほかならない。

　このようにアリストテレスにとって自然とは、諸事物が目的に向かって運
動し生成変化することであるが、このような諸事物の運動は連関しており、
ある運動はそれ以前の運動によって引き起こされていると考えられる。この
ような運動の連鎖を求めていった先にある最終原因、すなわちそれ自体は不
動でありながらほかのものを動かす存在をアリストテレスは不動の動者とい
い、このような存在をアリストテレスは神と呼ぶ。

　このようなアリストテレスの発想は、自然は自然法則に支配されており、
自然それ自体に内在する目的という観念は不要であるとする機械論的自然観
や、生物の発展と一見したところ見えるものは単なる自然淘汰にほかならな
いという進化論に慣れた我々の目には奇異に見える（アリストテレスは、自然が
現在のようなあり方をしているのは、環境に適応した生物が生き残ったにすぎず、そうで
はない生物は絶滅してしまったからだとする、今日の進化論の原型を提示したともいえる
エンペドクレス（前492年頃 – 前432年頃）の説明を明示的にしりぞけている）。しか
し、このような発想こそが、アリストテレスの根底にあり、長いあいだヨー
ロッパの思想を規定してきたのである。

・❸・
最高善としての幸福

　アリストテレスは、学問を、大きく分けて、数学や自然学のような理論
学、政治学や倫理学のような実践学、詩学のような制作学に区分した。この
分類のうち、法思想史にとって重要なのは、観察者とは関係がなく厳密な認
識が可能である「それ以外の仕方ではあり得ない」理論学と、知識を持つこ
とで対象に大きな影響を与える「それ以外の仕方であり得る」実践学との分
類である。このような学問分類が後世に与えた影響はきわめて大きく、ま
た、現代においてアリストテレス哲学の復権が主張される場合、多くの場合

はアリストテレスにおける実践学を念頭に置いて、その復権が説かれること
が多い。しかし、このような分類の重要さにかかわらず、アリストテレス倫
理学においては自然学で得られた成果が前提とされていることを見落として
はならない。すでに見たように、アリストテレスにおいては、自然はみずか
らの自然本性を実現するという目的を有し、そしてその目的に向かって運動
するものであった。このことは、自然の一部である人間も目的を有するとい
うことを意味する。そして、アリストテレスは、人間の目的を善と呼び、こ
のような善の中でも、ほかの善のための手段としてではなく、それ自体のた
めに追求される目的を最高善であるとする。そして、アリストテレスは、人
間の最高善が幸福であることに異論はないだろう、とする。すなわち、人間
が自然本性的に追求する目的は幸福である。このような自然本性に関する議
論をより深く理解するために確認しておきたいのは、『政治学』における、
よく知られた「人間は自然本性的にポリス的（国家的）動物である」という
フレーズである。アリストテレスによれば、人間は（ほかの動植物と同様に）
みずからの子孫を残したい、という自然本性を有している。それゆえ、一人
では生きていけず、相手となるものが必要である。すなわち男性と女性は子
を生むために一対となる。また、生活の保全のため、主人と奴隷の関係が現
れる。さらに、日ごとの必要を超えて、いくつかの家から最初に生じた共同
体が村であり、いくつかの村から国家が生み出される。このような国家はそ
れ自体として自足（完結）した存在であるので、国家は共同体の終局目的と
して捉えられる。このように、国家は人間が善く生きる（自然本性に合致して
生きる）ために自然に生まれたものである。それゆえ、「人間は自然本性的に
ポリス的（国家的）動物である」という言葉によってアリストテレスが述べ
ているのは、人々が国家のために献身しなければならないということではな
く（少なくともそれが主たる目的ではなく）、国家の存在が人々にとって共通の幸
福（共通善）を実現させるために不可欠であるということにある（このような
点に、国家や法をノモスにすぎないとしばしば理解したソフィスト的な考えとアリスト
テレスとの根本的な相違を見いだすことができる）。アリストテレスの政治学は、彼

の倫理学と地続きの議論であり、人間の目的（＝幸福）に最大の関心を持つのである。

　では、幸福とは具体的にはなにか。ここでアリストテレスが考える幸福を、今日の我々がしばしばそう考えるように、欲求の実現や快楽、生活に対する満足等と理解してはならない。このような理解をアリストテレスは明確にしりぞけている。ここまで確認してきた議論からわかるように、アリストテレスにとって幸福＝最高善とは、人間が本来、追求する目的あるいは人間の自然本性を実現することにある。それゆえ、アリストテレスにとって、幸福になることは人間の目的であると同時にある種の義務でもある。

　さて、すでに確認したように、幸福とは「人間の」目的である以上、人間固有のはたらきと結び付くものでなければならない。それゆえ、栄養を摂取する生活や感覚に関わるなんらかの生活は、動植物でも過ごすことができるものであり、人間固有の幸福とは呼べない。このように述べた後、アリストテレスは「理性に基づく魂の活動」こそが人間に固有の活動であり、さらにこのような活動は徳（優れていること、卓越性）に基づくものでなければ立派に成し遂げることができないとした上で、人間の最高善（＝幸福）を「人間の徳に基づく魂の活動」と定義する。さらに、徳が複数ある場合には、「最も善く、かつ最も完全な徳に基づく魂の活動」が幸福である。このように徳を重視することから、アリストテレスの倫理学は、しばしば徳倫理学と呼ばれる。

　したがって、徳を身に付け、善い人生をおくること、これが人間の具体的な目的であり義務であることとなる。

徳

　以上のように、人間における最高善、究極の目的である幸福を「徳に基づく魂の活動」と捉えるアリストテレスの倫理学は、徳を主題として議論を進めていく。まず、アリストテレスは徳を、知的な徳（理性そのものの卓越性）

と、人柄の徳（理性による欲望や感情のコントロールという意味での卓越性）に二分する。勇気や節制といった伝統的な徳は、人柄の徳に含まれ、徳を「超過による悪徳と不足による悪徳との中間へと向かう性行」と説明する有名な議論もこの人柄の徳に関連して行われている（たとえば、恐れに関わる徳である「勇気」は、自信が多すぎる「向こう見ず」と恐れることが多すぎる「臆病」の中間とされる）。

　このような人柄の徳を身に付けるにあたって重要となるのは、幼少時からの適切な習慣付けである。アリストテレスが述べていることは、「人間はあるがまま生きればよい（たとえば欲求に従えば自然本性を実現できる）」、ということではない。ほかの自然的存在と異なり自発性を有する人間は、自然本性を実現するべくみずから努力しなければならない。そこで肝要となるのが習慣であり、このことを指して、アリストテレスは、徳は自然に発生するわけではないが、自然本性に反しているわけでもなく、人間は自然本性的に徳を受け入れるようにできており、習慣付けによって徳は完成されると説明する。アリストテレスの考えをやや比喩的に説明すれば、人間の遺伝子にはあらかじめ自然本性（＝徳）が埋め込まれており（プログラム化されており）、それが実現されるのを待っているのだが、徳（目的）の実現は、ほかの自然物と異なり自動的に（自然に）発動するものでは決してなく、徳を現実化させようというみずからの自由意志に基づく習慣付けを通じてはじめて現実的なものとなると説明できるだろう（なお、アリストテレスによれば、人間の中には、自然本性的に理性をほとんど備えていないものも存在し、彼らは自然本性的に理性あるものに支配されるのがふさわしいとされる。これが悪名高い自然本性的な奴隷論である）。このことが、確かに目的論的自然観を共通の前提としつつも、主として自然を対象とする理論学と人間を対象とする実践学が区分される理由の一つと考えられる。

　また、今日の法哲学においても引き継がれることになる、アリストテレスの正義に関する有名な議論も人柄の徳の一つ（ただし、正義は勇気や節制という個人の優秀性を示す徳と異なり、対人的な、すなわち他人との関わりにおける徳である）として取り扱われることとなる。まず、アリストテレスは、正義を全体的正

義と部分的な正義に区分する。全体的正義とは、どのような徳であれ、その徳が対人関係において発揮されることを意味し、（勇気や節制を含む）徳全体に匹敵する。通常、合法的な事柄は徳全体という観点から命じられた事柄であるので、全体的正義とは遵法のことである、ということとなる。これに対し、部分的正義は勇気や節制と並び、これらと区別された徳であり、アリストテレスの正義に関する議論の主眼はこれに向けられている。さて、アリストテレスは、正義という徳もまた、ほかの徳と同様に中間ではあるが、ほかの諸徳と異なり、ここでの中間性は人間のあいだの公平を指すとした上で、部分的正義を、さらに、名誉や財産等が働きや業績の価値に比例して市民のあいだで配分されるべきことを命じる配分的正義と、市民同士での交渉（これはさらに売買契約等の随意的交渉と殺人等の不随意的交渉に区分される）における不均衡の回復に関わり、関係者の価値を考慮に入れずに人々を取り扱う匡正的正義に区分する。さらにアリストテレスは、罪に対して罰を与える応報的正義や、等しいものが交換されるべきことを命じる交換的正義について論じているが、これらの正義が分配的正義や匡正的正義とは独立なものであるかは、研究者のあいだでも対立が存在する。さて、最後にアリストテレスは衡平について取り扱っている。アリストテレスによれば、衡平とは「正しさではあるが、法に基づいたものではなく、法的な正しさを是正するような正しさ」である。すなわち、（それ自体としては正しい）法による一律的な対応が不正義を招くことがあり、それに対処することが衡平である。

・❺・
最善の活動としての観想

　最後に、多くの研究者を悩ませてきた、『ニコマコス倫理学』の末尾における議論について確認しよう。アリストテレスは、すでに確認してきたような人柄の徳について多くの議論を行った後に、人間の最高善（＝幸福）に値するのは、人柄の徳に基づく活動ではなく、知性という徳に基づく活動、すなわち観想（世界のあり方に関する理論的考察＝哲学）という活動であると論じ

る。その際、アリストテレスは、神（ここでアリストテレスは明らかにギリシア人
の信仰対象であったオリュンポスの神々を想定していない）には正義や節制という人
柄の徳にふさわしくなく、神にふさわしいのは、観想であり、それゆえ神を
目指すべき人間にとっての最高善は観想なのだと論じる。

　アリストテレス哲学に対する一つの大きなイメージが、観想的活動に基づ
く観想的生活こそが人間の最も幸福な生活であるという、このような議論に
よってもたらされてきたのは間違いない。このようなアリストテレスの議論
に従えば、勇気や節制、正義といった諸徳は、知性という徳に基づく観想的
活動の追求に比べれば、どうでもいいもの、些末なものということとなって
しまいそうである。しかし、少なからぬアリストテレス研究者は、このよう
なアリストテレスの議論が、正義等の人柄の諸徳について熱心に説いてきた
『ニコマコス倫理学』全体の議論とどの程度整合するかを問題としてきた。
本書の理解では、『政治学』の議論も併せて考えるならばアリストテレスの
議論はさほど不整合なものとも思われない。アリストテレスが観想的活動を
人間にとって最も幸福な活動と考えたのは疑い得ない。しかし、神ならぬ人
間は、観想にみずからの人生すべてを費やすことはできない。たとえば、他
国が侵略してきた際に、なにもせずにいるならば、他国の奴隷となるほかは
ないであろう。その場合、余暇において行われる観想等を行う余地は存在し
ない。このような事態を招かないために、人間にはたとえば勇気のような徳
が要求されるのである。つまり、知性という徳に基づく観想的生活が人間に
とって最善の生活であることは疑いようがないが、神ならざる人間は観想的
生活「のみ」を目的とすることはあり得ない。人間は、観想的生活を過ごす
ためにこそ、ほかの諸徳、たとえば勇気や正義を身に付けなければならな
い、つまり、アリストテレスにおいてはほかの諸徳を身に付けることは、最
善の生活を送るためのいわば条件、資格として捉えられていたように思われ
る。

❸

ストア派

　法思想史においては、しばしば自然法の概念がはじめて確立されたのは古
代ギリシアおよびローマにおいて活躍したストア派の哲学者たちにおいてで
あるといわれる。彼らの著作の多くは現存していないが、主として、ローマ
期に活躍したマルクス・トゥッリウス・キケロ（前106年 - 前43年）やルキウ
ス・アンナエウス・セネカ（前１年？-65年）の著作を通じて、ストア派はその
後のヨーロッパ法思想に大きな影響を与えることとなる。おそらく、ストア
派の自然法に関する議論として最もよく知られているのは、キケロの『国家
について』において示された「真の法とは正しい理性であり、自然と一致
し、すべての人にあまねく及び、永久不変である。それは命じることにより
義務へと召喚し、禁じることにより罪から遠ざける（略）。この法を廃止す
ることは正当ではなく、その一部を撤廃することは許されず、またそのすべ
てを撤回することはできない（略）。また、法はローマとアテナイにおいて
互いに異なることも、現在と未来において互いに異なることもなく、唯一の
永久不変の法がすべての民族をすべての時代において拘束するだろう。そし
て万人がともに戴くただ一人の、いわば支配者であり指揮官である神が存在
するであろう。すなわち彼が、この法の創始者、審理者、提案者である。こ
の神に従わない者はみずから自己から逃れ、人間の自然本性を拒否すること
により、まさにそれゆえに、たとえ一般に刑罰と見なされているほかのもの
から逃れたとしても、最大の罰を受けることになるだろう」とする議論であ
ろう。このような、キケロにおいて典型的に示される、ストア派が想定する
自然法の議論の背景には、人間の正しい生き方（目的）は「自然本性と調和
して生きること」であるという認識がある。彼らのいう自然法もまた、この
ように生きるべきことを命じるものを指していると理解することができる。

彼らの議論の最大の特徴（そして、今日の我々の考えと大きく相違するもの）は、彼らの自然観である。彼らは、自然（あるいは宇宙）を理性的な構成体であると見、人間も、理性的な活動を通じてこのような自然に貢献する存在であると捉える。このような発想は、法思想史の観点からは、アリストテレス的な目的論的自然観をより徹底するものであると捉えることができるだろう（もちろん、アリストテレスとストア派のあいだには多くの、決して小さくない相違、たとえばアリストテレスにおける神は不動の動者であり、また観想する存在であり、世界に直接働きかけることはしないのに対し、ストア派においては神は自然を通じてこの世界に満ち満ちている等といった相違が存在するが、本書では細部に立ち入ることはしない）。このような自然に対する態度のゆえに、おそらくストア派は、法思想史において、自然法論という言葉に最もふさわしい議論を行った人々であると捉えられるだろう。以下では、自然法論の背景にある彼らの自然観を中心に見ていこう。

・❶・
ストア派の概略

　ヘレニズムとは、おおむね、アレクサンドロス大王の死去（前323年）から、オクタウィアヌス（アウグストゥス）による地中海世界統一（前31年）までの時代を指し、古代ギリシア世界の崩壊と、ギリシア文化の（ローマ帝国を通じての）世界的伝播の時代といえるだろう。この時代の哲学を哲学史的にはヘレニズム哲学と呼び、おおむねアリストテレスの死去から、新プラトン主義の台頭までがそれにあたる。

　ヘレニズム哲学は、大枠としてはソクラテスやプラトン、アリストテレスの哲学の強い影響下にあるといえる。これらを代表する哲学としては、エピクロス（前341年 - 前270年）を開祖とし、快楽こそが幸福であり、人間の目的であると説くエピクロス主義（ただし、しばしば誤解されてきたようにエピクロスにおける快楽は放蕩的な生活によって得られるものを指すわけでは全くなく、苦痛の欠如を指しており、具体的には身体の健康と心の平穏を求めることにより達成される）や、

ピュロン（前365年頃 – 前270年頃）を開祖とし、物事の自然本性を人間は知ることはできないと説く懐疑主義（ただし、ピュロンその人の思想とピュロン主義を標榜する人々とのあいだにどの程度の連続性があるかという点については疑義がある）、そしてゼノン（前335年頃 – 前263年頃）を開祖とするストア派が挙げられる。なお、ストア派という名称は、ゼノンが、アテナイのアゴラ（広場）の脇にあった柱廊（ストア）において議論を行ったことに由来する。

　「自然と調和して生きる」という言葉を残したことで知られるゼノンは、キュプロス島のキティオンで生まれ、22歳の時にアテナイにやってきた。彼が哲学に関心を持つようになったきっかけは、ソクラテスの弟子であるクセノポン（前427年頃 – 前355年頃）の著作を通じてソクラテスを知ったことによる、といわれている。その際、この読書によって大いに喜んだゼノンは、書店の店主に、どこに行けばソクラテスのような人に会えるかと尋ねたところ、店主は、ちょうど通りかかった、小ソクラテス学派（ソクラテスの学説をそれぞれ独自に受け継いだ人々）の一つである犬儒（キュニコス）派のクラテスを指し、あの人について行くように勧めた、という逸話がよく知られている。この逸話の真偽はともかく、財貨や名誉を否定し、もっぱら徳に基づいて生きることを肯定する犬儒派（最も著名であるのは樽の中で生活していたことで知られるディオゲネス（前400/390年 – 前328/323年）である）がストア派に与えた影響は確かに大きいと考えられる。

　ゼノンを創始者とするストア派の見解は、第二代学頭クレアンテス（前331年頃 – 前232年頃）、クリュシッポス（前280年頃 – 前207年頃）へと受け継がれた（前期ストア派）。その後、ストア派の舞台はローマへと移り、パナイティオス（前185年頃 – 前109年）やポセイドニオス（前135年頃 – 前50年頃）といった人々によって発展させられ（中期ストア派）、皇帝ネロの側近であったセネカ、解放奴隷のエピクテトス（55年頃 – 135年頃）、ローマ皇帝マルクス・アウレリウス（121年 – 180年）といった幅広い階層の人々に継承されることとなる（後期ストア派）。なお、優れた弁論家として知られるキケロはストア派からも大きな影響を受けているが、通常は純粋なストア派というよりも、様々な哲学的立

場の折衷主義と捉えられている。ストア派は、ローマ法大全の編纂を命じ、ローマ法を後世へと残すことにより法学史においてその名を永久に残すことになった東ローマ帝国皇帝ユスティニアヌスⅠ世が、529年にプラトンの作ったアカデメイア、アリストテレスの作ったリュケイオンと並び、ストア派の学園を異教（非キリスト教）の施設として閉鎖を命じたことによって終わりを迎えることとなる。

　前期ストア派や中期ストア派の議論については資料が散逸しており、一般にストア派の議論として知られているのは、かなりの程度まとまった形で資料が残されている後期ストア派のものであるが、後期ストア派の議論は（必ずしも哲学者とはいえない人々によって説かれたこともあり）、哲学というよりも、心を平穏に保つことが幸福につながるという人生訓としての性格がやや強く、今日におけるストア派のイメージもこのような形で規定されている部分が強い。以上の理由から、以下では、ストア派の特定の誰の理論か、といった点にこだわることなく、ストア派において共有されていたと思われる哲学理論について確認していこう。

・❷・
論理学・自然学・倫理学

　ストア派における最も基本的な概念は、理性（ロゴス）と自然（ピュシス）である。別言すれば、自然（あるいは宇宙）は理性的なものである、あるいは自然全体の中に理性が浸透している、という発想がストア派を貫通する思想である。ストア派は哲学を論理学、自然学、倫理学に区分しているが、このような区分も、単に方法論上のものであり、それぞれの観点から理性的な自然という一つの主題が取り扱われていると考えられなければならない（そしてこの点において、その前提に目的論的自然観はあれど理論学、実践学、制作学を区分したアリストテレスの立場といくらか異なる）。

　まず、論理学と呼ばれるものは、いわゆる形式論理学のみを取り扱うのではなく、認識論、意味論、文法論、文体論についての理論も含んでいる。そ

れらはすべて、ロゴス（この語は理性と同時に言語、論理も意味している）を取り扱うのである。ストア派にとって、自然は理性的なものであり、思考と言語（これらも自然的なものであり、同時に理性的なものである）は、自然現象に適合しなければならない。逆にいえば、対応する実在を持たないものについて語ることは哲学の対象とはなり得ない。それゆえ、ストア派の対象は物体に限定されることとなる（神もまた物体として捉えられる）。

続いて、自然学は、自然（宇宙）を対象とするが、しかし、ここで想定されている自然は、今日の我々が考えているようなものではなく、理性を備えた存在である。ストア派によれば、自然（宇宙）を保持するものは最高の理性的存在、すなわち、神であり、この神は諸々の目的（この目的は必然的に善なるものである）に向かって、すなわち幸福へとすべての出来事を導いていく。ストア派が考える自然とは、自然に神が偏在しているというこのような汎神論的な世界あるいは宇宙のあり方を指している（ただし、後期ストア派においては人格神による宇宙創造という側面がやや強くなる）。このような意味で、我々が生きるこの世界は、善い世界（さらにストア派は、我々が生きるこの世界を、我々が想定し得る世界の中で最善の世界であるとする）である。別のいい方をすれば、宇宙は、幸福へと向かって進展していくのである。もちろん、短期的に見れば、この世界においてもたとえば干ばつや病気のような不幸な（不自然な）出来事は発生する。しかし、それは、個々の出来事を宇宙全体から切り離して観察するからそのように見えるにすぎない。自然はこのような不幸な出来事それ自体を引き起こすことをもくろんでいるのではなく、それは宇宙が幸福へと向かうために必要な過程なのである。ただ、なぜこのような過程が必要であるかは、人間の限られた視野からは完全に理解できないことがある、というにすぎない。

倫理学もまた、このような自然観と不即不離の関係にある。以上で述べたような意味での自然の一部である人間に期待されるのは、宇宙の秩序と調和を理解し、そしてこのような秩序と調和にふさわしく行動することであり、人間の究極的目的は、このような意味で人間の自然本性を完成させることに

ある。ところで、ほかの動植物と異なり、理性を備えた人間は、この宇宙の秩序を認識し、みずからの努力によってこの秩序に調和して生きること（善）もできるし、それに逆らうこと（悪）もできるが、この宇宙は、結局のところ、生じるべきものが生じ、生じるべきでないものは生じないようになっており、ストア派は、生じるべきもの（秩序、調和）を人間が認識し、それに従って生きるべきことが幸福であると説いたのである。本章冒頭で触れたキケロの自然法の説明も、このような自然観を背景としている。では、ストア派にとって具体的に人間の自然本性はどのようなものであるのか。

・3・
親近性と徳

　ストア派の想定する人間の自然本性を理解するにあたり重要であるのは、親近性についての理論である。親近性の理論そのものは、ストア派に広く共有されていたようだが、その内容に必ずしも一致があるわけではない。以下では、おおむね後期ストア派の議論を本書なりに整理したものを確認しよう。ストア派の考えでは、すべての生き物は、自然によって、自分にとって親近的（親密）であるようなものを求めるよう、いわば遺伝子的にプログラムされている。ストア派によれば、生まれたばかりの動物は最初の衝動によって、みずからに親近的なものを追求する。まず、最初に自己に親近的なものは自分自身であり、このことから自己保存（自己に有害な物をしりぞけ、みずからの生命を維持すること）が自然なことであるということとなる。人間もまた、幼児期においてはこのような動物と変わらず、衝動によって動かされる。すなわち、一定の種類の食物や住まい、親の愛情が自然にかなったものとして取り扱われる。しかしながら、人間が成長するにつれて人間にとっての自然は進化していくこととなる。人間は動物よりもより広い範囲に親近性を抱くこととなる。すなわち、技術的能力や健康、美、財産、名声、生まれの良さといったものに人間が親近性を抱き、反対のものを遠ざけることは自然にかなったことであるとされる。さらに人間の理性が発達していくなら

ば、人間は「ふさわしい諸行為」（理性がそれをなすよう命じる行為）を行わなければならないとされる。このようなふさわしい諸行為の例は、両親や兄弟、祖国を敬うことである。このことにより、ストア派にとって社会が正当化される。

しかし、さらに十全に理性的存在者として成長した人間にとっては、自然の様相は大きく変わる。このような人間（しばしばストア派において知者と呼ばれる存在）の自然本性は徳を備えることである。ストア派にとっての徳とは、人間がなすべきことに関する知識であり、思慮、正義、節制、勇気という主要な徳に分類される。知者にとって、唯一、真の意味で善なるものはこのような徳のみである。これに対し、悪なるものは、臆病、無抑制、不正、狂乱、無知といった悪徳であり、これらは絶対に避けるべきものであるとされる。それ以外のものは、ストア派にとってどうでもよいものである。ここまで見てきたような、生命、健康、財産、国家のために働くこと、こういったものごとは、それ自体としては善ではない。確かに、すでに確認したように、人間は親近性に基づいて、これらのものごとを追求するし、追求してよい（これらのものごとを優先的なものと呼ぶ）。しかし、このような追求はあくまでも徳に反しない限りで行われることが許されるにすぎない。このような優先的なものは、それ自体としては善でも悪でもなく、たとえば正義を貫くために不名誉や病気を得たとしても、なに一つとして問題はないのである。よく知られているように、ストア派は自殺が認められる場合もあると説いているが、自身の生命もまた、優先的なもの、すなわち、徳に反しない限りで求めることが許されるものにとどまる以上、正義を実現するためにみずからの生命を捨てることは自然な行為である。

ストア派についてしばしば指摘される世界（宇宙）市民（コスモポリタン）的性格も、このような観点から理解される必要があるだろう。すでに見たように、ストア派にとって既存の共同体のために奉仕することは、自然なこと（親近的なもの）であり、決して否定されるべきことではない。そのような行為が徳に合致しているならば、このような行為を行うことは善である（そし

て、多くの場合は、合致していると考えられるだろう）が、必ずしもそうであると
は限らない。すなわち、知者の観点から見れば、共同体のために奉仕するこ
とそれ自体は、あくまでも優先的なものであるにすぎず、それ自体になにか
価値があるわけではない。これに対し、ストア派が価値を見いだすのは、徳
を備えた人々（知者）同士の交わりである。ここでは、性別や家柄、国籍、
財産に基づくあらゆる区別は解消され、平等な人々からなる共同体が形成さ
れ得るのである。

アウグスティヌス

　ここまで、古代ギリシアおよびローマにおける自然法論について確認してきた。このような自然法論は、（とりわけ、ストア派の哲学、たとえばキケロやセネカの議論がラクタンティウス（3世紀後半 - 4世紀初め）やヒエロニュムス（340年頃 - 420年）といった初期キリスト教の代表的思想家によって賞賛されることを通じて）キリスト教の中に受け入れられていくこととなる。しかし、今日の我々が考えがちなほど、自然法論とキリスト教思想との調和は容易であったわけではない。むしろ、両者のあいだには強い緊張関係が存在した。このような緊張関係を明確に示した人物が、古代ローマにおけるキリスト教の教父（キリスト教における正統信仰の確立に大きく貢献した人々）の一人であるアウグスティヌスである。彼は、一方においては確かに、自然法という概念を受け入れつつも、他方において人間が原罪を有しているというキリスト教の根本教義を真剣に受け止めるゆえに、自然法が人々を拘束することについて極めて懐疑的な態度を取る。むしろ、彼の思想は、近代法思想の立役者であるトマス・ホッブズに限りなく近い結論を引き出したのである。

・❶・
生涯と著作

　アウレリウス・アウグスティヌス（アウグスティヌス自身は、単にアウグスティヌスとのみ名乗っている）は、北アフリカにおけるローマ都市であるタガステに、市会議員であった平民の父と、同じく平民の母の子として354年に生まれた。母は熱心なキリスト教徒であったが、父は、市会議員としての立場もあり、死の直前まで洗礼を受けなかった。19歳でカルタゴの修辞学校に進学して以後、アウグスティヌスは、キケロや、宇宙を善と悪の対立という二元

論的観点から把握するマニ教に関心を持つこととなる。大きな転機は、32歳の時に新プラトン主義に触れた点である。このことが決定的な契機となり、アウグスティヌスはマニ教から離れ、キリスト教へと回心する。その後、37歳の時にヒッポ教会の司祭となった（42歳の時に司教）アウグスティヌスは、ドナトゥス派やペラギウス派との論争を通じて、キリスト教における正統信仰の確立に尽力する。

　アウグスティヌスの代表的著作としては、みずからの半生を振り返った『告白』（400年）や、直接的には、ゲルマン民族の一部である西ゴート族によるローマ陥落（410年）をきっかけとして、ローマが古来からの宗教を捨て、キリスト教化したことによってこのような災難が生じたとする、キリスト教に対する非難に対抗して執筆された『神の国』（426年）がある。430年、アウグスティヌスはヒッポの街がヴァンダル族によって取り囲まれているさなかに亡くなる。

・❷・
原罪の思想

　アウグスティヌスの法思想を確認する際、なによりも注目するべきであるのは、原罪の思想である。彼の議論の出発点は、神がこの世界を、そして人間を自然本性的には善なる存在として創造したことにある。アウグスティヌスによれば、神による世界創造の時点では、神は人間という理性ある存在が獣のような理性のない存在を支配することを望み、人間が人間を支配することを望まなかった。すなわち、エデンの園においては、人間は自由で平等な存在としてあった。アウグスティヌスにとって、本来の人間の自然本性は神への愛、そして隣人愛や同胞愛を有した存在である。すなわち、人間は自然本性的に社会と調和した存在である。このように人間の自然本性を肯定的に捉える点において、アウグスティヌスはアリストテレスやストア派のような古典的自然法論の流れに連なるように一見したところ見える。しかし、アウグスティヌスの思想は、古典的自然法論とは大きく異なる側面を持つ。まず

確認されるべきは、アウグスティヌスにとって人間の自然本性が善であるの
は、神を不動の動者として捉えたアリストテレスや汎神論的傾向の強かった
ストア派とは異なり、唯一の人格神である神がそのように人間や世界を創造
したからである。次いで確認するべき点は、アウグスティヌスにとって決定
的な原罪の思想である。アウグスティヌスにとっても、すでに確認したよう
に神によって生み出された人間の自然本性（を追求すること）は、（アリストテ
レスやストア派と同様に）元来は善であった。さらに、神は人間に自由意思を
与えた。自由意思が存在するからこそ、人間は真の意味で善をなし、悪を避
けることができるからである。しかし、人間は愚かにも自由意思を悪用する
こととなる。すなわち、最初の人間であるアダムとイヴが蛇にそそのかされ
て、神との約束を破り、知恵の実を口にすることとなった。このことによっ
て神の怒りに触れたアダムとイヴはエデンの園から追放されることとなる。
このアダムとイヴが犯した罪は、その後の人類すべてに伝わり、その結果、
人間は生まれながらにして罪深い存在となるのである。これが、人類すべて
が誕生の時点で有する原罪である。

　堕罪後の人間に対するアウグスティヌスの理解はきわめて悲観的である。
本来、神は、人間を天使と動物との中間となる存在として作り上げ、人間が
みずからの自由意思によって天使に近づくことを期待したのだが、堕罪後の
人間は、ひたすらみずからの欲求（物欲、支配欲、性欲）を追求する動物同然
の存在へと陥ることとなる。すなわち、すべての人間は生まれながらにして
罪人であり、みずからがみずからを救うことはできず、神の恩寵（恵み）に
よってのみ救われる存在にほかならない。このようにアウグスティヌスが描
き出す現世および現世に生きる人間の姿は、のちにホッブズが描き出す自然
状態およびそこに住む人間たちの姿によく似ている。

　このような見解は、ペラギウス（360年頃 - 418年）およびペラギウス派との
論争において強く表れている。ペラギウス自身の思想は必ずしも明白ではな
いが、おおむね、ペラギウスらはストア派の強い影響を受け、人間の自然本
性は善であり、このような自然本性は原罪によって完全に汚されているわけ

ではなく、神の恩寵に頼ることなく、みずからの自由意思に基づいて善行を積むことにより、神の救済に与ることができると説き、また幼児は堕罪以前のアダムと同じ状態にあるとして、幼児洗礼を否定した（少なくともアウグスティヌスにはこのような主張を行っていると受け取られた）。アダムとイブが犯した罪はその後の人類すべてに遺伝しており、幼児洗礼も必要であると人間の罪深さを強調するアウグスティヌスにとっては、このようなペラギウスらの人間観は到底受け入れることができるものではなく、アウグスティヌスはペラギウス派に激しい批判を向け、異端であると主張する（このことは418年のカルタゴ教会会議において受け入れられることとなる）。このように、アリストテレスからストア派へと受け継がれた、人間がみずからの自然本性を追求することが道徳的に望ましいことであるとする古典的自然法論の伝統は、ここにおいて大きな停滞を見いだすこととなる。

　さて、アウグスティヌスによれば、このような堕罪から、現世においては神の国と地上の国が現れることとなる。その際、しばしば指摘されていることであるが、神の国は教会と、地の国は世俗国家と直接的には結び付いていない、ということが確認されねばならない。神の国とは、霊（宗教）に従って生きる人々、自己を否定した神中心の愛を有した人々の集まりであり、地の国とは肉欲に従って生きる人々、神への軽蔑に至る自己中心の愛を有した人々の集まりである。ただし、これら二つの国は厳然と区別されているわけではなく、現世において両者は入り交じって存在し、最後の審判まで存続していく、これがアウグスティヌスのこの世界に対する基本認識である。この現世においては、地の国に住む多くの民が存在し、天の国の民は、現世において巡礼者として遍歴している。このような認識は、現世に対する否定的、現実主義的な認識をもたらす。このことを明確に示しているのが「正義がなければ国家も大盗賊団も変わらない」というアウグスティヌスの有名な表現である。この言葉につき、かつては国家と盗賊団の相違を強調する解釈（国家は正義を有している点で盗賊団と異なる）が説かれていたこともあったが、現在では、国家も盗賊団もさして違いがない（国家＝盗賊団説）とアウグスティヌ

スが主張したのだとする理解が有力であるように思われる。すなわち、大盗
賊団であろうが国家であろうが、内部におけるメンバーをコントロールする
ためのルールが存在することは変わりがないとされ、両者の区別は相対化さ
れ、国家が有する倫理的役割に大きな疑義が向けられることとなる。アウグ
スティヌスにおいては、国家は、たとえばアリストテレスがそうであったよ
うに、人間を究極の目的、すなわち幸福へと導く存在であるというような認
識は見いだされない。むしろアウグスティヌスの国家観は極めてリアリス
ティックなものである。

　アウグスティヌスの考える世俗国家の役割は、先に確認した地の国におけ
る悲惨な状況を食い止めるものにほかならない。すなわち、国家とは人間社
会に一定の（エデンの園でそうであったような無条件のものではない）平和と秩序と
正義をもたらすための存在である。アウグスティヌスの認識では、（エデンの
園においては存在するはずがなかった）絶対的な強制装置である国家なくして
は、罪深い人間からなる現世は無秩序に陥るほかない。このような無秩序を
避け、人間が有する罪を矯正するための必要悪、それがアウグスティヌスの
考える国家である。国家それ自体は地の国ではなく、むしろ地の国の拡大を
せき止める役割を果たす。このような認識は、なぜキリスト教徒が現世の秩
序に従わなければならないかを説明するのである。

・❸・
永久法と自然法

　さて、アウグスティヌス法思想の出発点は、この世界は理性的な法によっ
て支配されている、というものである。このような発想自体は、すでに確認
してきたように、萌芽的にはプラトン、そしてアリストテレスやストア派に
見られるものである。ただし、アウグスティヌス（に限らず、多くのキリスト教
思想家に見られるように）においては、なぜこの世界が理性的な法によって支
配されているかといえば、全知全能であり、善である神がこの世界を創造し
たからだ、と明確に説明されることになる。なお、この点に、プラトンにお

けるデミウルゴスの思想（それは、しばしば、初期の教父たちにいくばくかの影響を
与えてきたと指摘されている）とキリスト教の創造神話との相違が存在する。プラ
トンにおけるデミウルゴスは、イデアに基づいて、この世界を創造したと
されていた。しかし、キリスト教の創造神は、プラトンのいうイデアの位置
も占めている。創造神はデミウルゴスと異なり、すでに存在する素材を用い
て世界を作ったのではなく、この世界を無から創造したとされる。そして、
この世界が理性的な法によって支配されているのは、神自身が（プラトンがい
うところの）イデアをみずからの思想として有しているからである。

　このような神の理性、神の意志を指して、アウグスティヌスは永久法と呼
び、人間を含むあらゆる被造物は、この永久法により神によって与えられた
自然の秩序を保持することを命じられ、妨害することが禁止される。すなわ
ち、永久法とは神によって生み出されたこの世界、宇宙の摂理そのものだと
換言することができる。

　アウグスティヌスによれば、このような永久法は、理性的な人間の魂の中
に刻印付けられている。このような、人間の魂に刻み込まれた永久法を指し
て自然法という。この自然法は、（1）自分が欲しないことを他人に対して
行わないこと、（2）各人に彼に属するものを返すこと、といった二つの規
律から成り立っている。人間は、このような自然法を参照することにより、
殺人や暴力、窃盗といった諸行為が禁止されていることを認識することがで
きるのである。本来、人間がこのような自然法を確認し、それに従うことに
より、人間のあいだには平和と秩序が保たれることとなる。人間はこのよう
な自然法を忠実に遵守することにより、崇高に、そしてより善く生きること
ができる。すなわち、アウグスティヌスにとって、本来の人間の自然本性は
善と捉えられている。

　しかし、すでに確認したように、原罪により、人間の自然本性は邪悪なも
のとなってしまう。したがって、神によって植え付けられたはずの自然法は
人間の心からほとんど消え去っており、自然法が当然に機能するという期待
を持つことはできない。自然法が存在するにもかかわらず、現世において殺

人や窃盗が横行するのはこのためである。アウグスティヌスの議論において
は、確かに自然法は理論上は存在しているのだが、しかし、堕罪した人間が
自然法を遵守することによりみずからの自然本性を実現し、幸福に達するこ
とができる、という認識はほとんど存在しない。このようなペシミスティッ
クな人間観を取るアウグスティヌスにとって人間が救済されるために必要で
あるのは、もはや人間の自然本性の追求ではなく、神の恩寵のみである。

　しかし、アウグスティヌスによれば、人間が自然法に拘束され得ないにも
かかわらず、同時に、神は人間社会に一定の平和と秩序と正義が実現される
ための法を与えた。それが人間によって制定される人定法である。堕罪した
人間といえども、その心の中には、自然法のいわば影像、反映が存在する。
その意味で、アウグスティヌスは現世における完全な相対主義を主張するわ
けではない。このような影像、反映を基礎として、人定法を通じて現世にお
いて秩序が維持されるのである。しかし、このような人定法は常に人間によ
る破壊に曝されており、国家による物理的強制によって支えられねばならな
い。むろん、このような平和は、エデンの園においてはあり得たような平和
とは大きく異なるが、しかし、真摯な信仰者であろうとも、現世においては
これ以上の平和を求めることはできないのである。

❺

トマス・アクィナス

　トマス・アクィナスは、中世の哲学において大きな影響力を持ったスコラ哲学（12世紀末から13世紀初頭に成立した大学という教育機関を中心として発展した哲学の総称。スコラという名はラテン語で「学校」を指す）を代表する神学者である。スコラ哲学の大きな特徴は、キリスト教の教義をギリシア（とりわけアリストテレス）哲学によって理論化、体系化したことにあるが、トマス法思想の大きな特徴も、アウグスティヌス以来の正統的キリスト教教義と、異教の哲学者であるアリストテレスの哲学（とりわけ目的論的自然観）を統合した点にある。

　アリストテレス哲学、そして目的論的自然観の受容は、同時に、自然法論がキリスト教の中で積極的に受容されることも意味する。アウグスティヌスの場合と異なり、トマスにとって神によって人間の魂に刻まれた自然法を人間は認識できるし、またそれに拘束されるのである。しかし、トマスの議論は、アリストテレスの議論の単なる焼き直しではない。彼の議論は、あくまでも、キリスト教神学においてアリストテレス哲学を受容するものにほかならない。確かに、トマスは、（神によって善なる存在であると生み出された）人間がみずからの自然本性を追求することが人間の究極目的＝幸福とつながる、と捉えた。しかし、この幸福の内容は、アリストテレスやストア派の議論にとどまらないキリスト教独自のものである。すなわち、トマスの想定する幸福は、神を認識することであり、また、神の世界計画に参加することである。そして人間は、自然法を遵守することにより、このような幸福に近づくことができるとされるのである。さらに、トマスにおいては、このような自然本性の追求（自然法の遵守）によって人間は完全な意味での幸福に到達することはできず、人間がこのようなものに達するためには神の恩寵を必要とする。トマスはたしかに、アリストテレスやストア派の流れに立ち、人間の自

然本性が有する善性を重要視したのだが、それはあくまでも彼の神学理論の一部にとどまるのであるし、逆からいえば、自然法論が完全に神学化されたわけでもない。

·❶·
生涯と著作

　トマス・アクィナスは1224年末あるいは1225年初頭に、南イタリアの都市アクィノの近郊にあるロッセセッカの城塞で生まれた。父はアクィノの領主であり、母はナポリ出身の貴婦人であった。貴族の子弟の初等教育は修道院で受けさせるという当時の慣習に従い、トマスは5歳でベネディクト会の修道院に送られることとなる。

　トマスは14歳でナポリ大学に入学したが、この時期において特筆すべき点は、アリストテレス哲学に接したこと（当時、ナポリ大学ではアリストテレス研究が盛んであった）と、家族の反対を押し切り、清貧を旨とする、設立から間もないドミニコ修道会に入会したことである（なお、その際、家族はトマスを思いとどまらせるために、美しい少女を用いてトマスを籠絡しようとしたが、トマスはそれに耐えきったという有名なエピソードが伝えられている）。

　その後、ケルン大学やパリ大学においてトマスは、アリステレス哲学を積極的に摂取した（ただし、新プラトン主義の影響を受けたアリストテレス理解であるとされる）アルベルトゥス・マグヌス（1193年頃-1280年）に師事し、大きな影響を受けることとなる。その後、トマスはパリ大学神学部を中心として、ヨーロッパ各地の大学において教鞭を執ることとなる。トマスは、神学的著作はもちろん、アリストテレスに関する多くの注釈書等膨大な著作を残しているが、彼の主著であり、三部から成る（未完）『神学大全』は、長きにわたって書き続けられており、第一部は1265年から1269年、第二部は1269年から1272年、第三部は晩年において書かれたとされている。トマスは1274年、ナポリからリヨンの公会議に向かう途中に亡くなった。

　彼の立場は、存命中はあくまでも少数派にとどまったのであり、一方では

パリ大学において影響力を有していた、アリストテレス哲学をより積極的に神学に受容しようとするラテン・アヴェロエス派（アリストテレスの著作の注釈を著したイスラム圏の哲学者イブン・ルシェド（ラテン名アヴェロエス）（1126年‐1198年）の影響を強く受けた人々。1270年に始まるパリ司教エティエンヌ・タンピエ（？‐1279年）の断罪により消滅したとされる）の立場と、他方ではアリストテレス哲学をあくまでも異教とみなすアウグスティヌス主義の立場に立つ教会当局とに挟まれることとなる。トマスは、死後、約半世紀を経て（1323年）、聖人に列せられたが、彼の教説が教会の正統とされたのは、はるか後の1545年のトレント公会議においてである。

・❷・
アリストテレス哲学の受容

　トマスの理論は、しばしば、キリスト教的アリストテレス主義といわれる。それゆえ、トマスの法思想を論じるにあたり、まずは当時のヨーロッパにおけるアリストテレスの位置付けについて簡単に確認しておくのがよいだろう。おおむね、6世紀頃から12世紀頃まで、アリストテレス哲学は（論理学関係の著作を別として）ヨーロッパ世界においてはほとんど読まれていなかったとされる。しかし、十字軍による遠征を契機として12世紀にヨーロッパ世界がアラビア文化を摂取しようとした際、ヨーロッパ世界はアラビア世界において維持・発展されていた古代ギリシア・ヘレニズム文化の研究を大きく受容することとなる（本来のルネサンスに先立つ、いわゆる12世紀ルネサンス）。その際、古代ヨーロッパ文化の中に含まれていたアリストテレス哲学もまた、このようにしてヨーロッパ世界に刺激を与えることとなり、13世紀に『政治学』や『ニコマコス倫理学』のラテン語訳が完成されること等により、ヨーロッパにおける「アリストテレスの再発見」がなされることとなった（ただし、キケロやセネカを通じて、アリストテレスの倫理・政治思想はすでに12世紀の段階で、ある程度ヨーロッパ世界において受容されていたとする見解もある）。その結果、たとえば1255年にパリ大学でアリストテレスの多くの著作がカリキュ

ラムに組み込まれるなど、アリストテレス哲学はヨーロッパ世界において大きな影響を与えていくこととなる。

　ただし、たとえばアウグスティヌスを通じてキリスト教神学において一定の評価を得ていたプラトン哲学と異なり、唯一神による世界の創造を認めず、この世界（自然）そのものが理性に従って動いていると考える（自然の内部からこの世界を説明しようとする）アリストテレス哲学（とりわけ自然学）と、この世界のすべての根源をこの世界を超越した存在である唯一神の意志ないし理性に求めるキリスト教的世界観とのあいだには、明らかな緊張関係も存在し、先に触れたタンピエの断罪以前にも1210年にパリ教会会議においてアリストテレス自然学に対する禁令が出されている。異教の哲学者アリストテレスの哲学を積極的に摂取したトマスの立場は、保守的な神学者からはややもすると異端扱いされさえするものであった。すでに確認したように、トマス神学が教会の正統とされたのは16世紀においてであることがこのような緊張関係を示しているだろう。

　このようなアリストテレス哲学とキリスト教神学の緊張関係は、当然ながら、「キリスト教的アリストテレス主義者」であるトマスの思想にも影響を及ぼしている。法思想史においては、一般にトマスは、アリストテレス的（古典的）自然法論の大成者であると見なされることが多く、確かにアリストテレス哲学を抜きにしてトマスの議論を理解することはできないが、しかし、トマスの議論はアリストテレス哲学やストア派の単なる焼き直しではなく、トマスの議論の特徴はアリストテレス哲学の（キリスト教から見た）限界を明確にした上で、アリストテレス哲学をみずからの包括的な神学大系に組み込んだ点にある。以下では、この点に注意しつつ、トマスの人間観および法思想を見ていこう。

・3・
人間の目的としての幸福

　アリストテレス哲学、とりわけ目的論的自然観を受容したトマスの人間観

は、キリスト教における正統的教義であったアウグスティヌス的人間観に大きな修正を迫ることとなる。すでに確認したように、アウグスティヌスにおいては、人間は原罪を帯びた存在と捉えられていた。そこでは、堕罪後における人間の自然本性は邪悪なものとして捉えられていたのである。しかし、トマスは、原罪によって元々人間が有していた自然本性が有する善たる性質が完全に取り去られるわけではない、とする。このことによって、トマスは、人間がみずからの自然本性を追求することが、人間の究極の目的、すなわち幸福を実現することになるのだ、というアリストテレス哲学以来の伝統をキリスト教と結合することとなる。

　さて、トマスもまた、アリストテレスやストア派の伝統に従い、人間が自然本性に従って追求する究極の目的を幸福と捉える。では、トマスにとって幸福とはなにか。それは人間の最高の能力の最高の働きである、神の本質の直視（神を認識すること）にある。人間は（アリストテレスらがそう考えたように）みずからの自然本性を追求することにより幸福に近づくことができる。ただし、トマスにおいては、それは不完全な幸福であるにすぎない。むしろ、完全な幸福は、神の恩寵によって実現されるほかないのである（しかも、恩寵による幸福の実現は現世においては完全においては達成されず、来世における救済によって達成されるにすぎない）。すなわち、トマスにおいては、人間は自然本性に従うだけでは完全な幸福にたどり着くことはできず、完全な幸福にたどり着くためには、さらに恩寵を通じて人間の自然本性を超越することが必要なのである。このような観点から、トマスは（アウグスティヌスと同様に）、自然本性の追求によって人間は幸福にたどり着くことができると考えるペラギウス派を明確に批判している。しかし、このことは自然本性の追求を通じて現世において幸福にたどり着こうとする営みが無意味であることを意味するわけではない。それは確かに不完全であるとしても幸福にほかならないのである。ただ、このような仕方のみでは完全な幸福にたどり着くことができないというにすぎない。「恩寵は自然を破壊せず、むしろこれを完成する」という『神学大全』におけるよく知られた一節は、トマスの思想を端的に表現してい

る。アウグスティヌスにおいては、原罪を背負った人間が救済されるために
は、神の恵みである恩寵に頼るしかない。しかし、トマスにおいては、人間
がみずからの自然本性を追求することは、恩寵と調和するのである。トマス
が、アリストテレスら異教の哲学者の議論を積極的に摂取することができた
のも、このような発想による。確かに彼らはキリストの教えを知らないが、
世俗的な（不完全な）意味での幸福（人間の自然本性の追求）という観点からは
彼らの議論を参考とすることができるからである。

　さて、トマスの考える幸福がこのようなものであるとして、人間は具体的
にはどのようにして幸福にたどり着くことができるのか。それを可能とする
のが徳と法である。まず、徳について簡単に見ていこう。さしあたっては、
徳に関するトマスの議論の大枠は、アリストテレスに依拠していると考えら
れる。トマスは、自然本性の追求によって到達できる徳を、勇気、節制、正
義、賢慮等の人柄としての徳（倫理徳）と知識、知恵等の思弁的な徳（知性
徳）に分けた上で、これらを追求することにより、人間の自然本性は完成さ
れる（幸福にいたる）と考える。また、トマスは、アリストテレスと同様に、
人間の自然本性のより高い完成という観点から真理の観想に関わる知性徳を
倫理徳に優位させる。

　しかし、先に確認したように、トマスの見解では、人間は自然本性の追求
のみによっては完全な幸福に到達することはできない。それゆえ、トマス
は、アリストテレスが想定していなかった、信仰や希望、愛徳（神に対する
愛）といった神学的徳を通じて恩寵が人間の自然本性に注がれ（人間を神へと
結び付け）、人間をみずからの自然本性を超越した高みに立たせるという。こ
のようにトマスの徳論においては人間の自然本性が恩寵によって補われるこ
とによって人間はより高いレベルでの幸福に近づくこととなるのである。

　さて、トマス自身の思想においては、おそらくより大きな比重が与えられ
ているのはこのような徳論であるが、本書にとってより重要であるのはトマ
スの法思想である。続いて、この点について確認していこう。

・❹・
永久法・自然法・人定法・神法

　よく知られているように、トマスにおける法の構想は、永久法、自然法、人定法、神法からなっている。さて、トマスの法思想における出発点も、アウグスティヌスと同様に、神の世界計画に基づいてこの宇宙が創られたという点に求められる。したがって、我々が住むこの世界も神の世界計画＝宇宙の摂理に包摂されている。このような神の世界計画＝宇宙の摂理を指してトマスは永久法と呼ぶ。トマスによれば、天使を頂点とし、無生物という末端に至るまで、この宇宙の被造物はすべて永久法に基づいて統治されている。このような理解は、アウグスティヌスの議論を踏襲したものであるといえるだろう。

　トマスの法思想においてはこの永久法に参加することが人間が幸福へとたどり着くための方途として考えられている。すなわち、トマスの考える法とは、人間を幸福（法においてはより精確には、共同体の成員に共通の善たる共通善）へと導くものであり、彼の法思想はこのような観点から捉えられる必要がある。

　さて、この宇宙における全存在は、以上のように、永久法に従って動いている。しかし、理性を有し、みずからの行動をみずから決めることができる理性的被造物たる人間は、ほかの動植物や無生物と異なり、神の摂理の分担者として、不完全ながら永久法を認識し、意識的に永久法に従うことができる。このように、理性に基づいて永久法に従うこと（神の世界計画や摂理に能動的に参加すること）をトマスは永久法の分有（神の世界計画を分け持つこと）と呼び、それが自然法であるとされる。

　では、自然法の内容はどのようなものであろうか。すでに確認したように、神は人間を自然本性的に善なる存在として作り出したのであるから、自然法とは結局のところ、人間の自然本性の実現を命じるルールであるということとなる。すなわち「人間の自然本性的な善をなし、追求するべきであ

り、悪は避けるべきである」ことが自然法の内容である。では、人間は具体的にはいかなる善を自然本性的に追求するのか。このような善について、トマスは以下の三種を順に挙げる。第一のものは、およそいかなる実体も自然本性に基づいて自分の存在を保持するというものである。第二のものは、人間がほかの動物と共通に有する自然本性に基づくものであり、雌雄の性交、子供の教育がそれにあたる。第三のものは、人間に特有の理性的本性に基づくものであり、神について真理を認識することや、社会のうちに生活すること、具体的には、人間は無知を避けるべきであるということや、親しく交わってゆくべきほかの人々と争わないといったことがそれにあたる（このような主張から理解できるように、トマスは、アリストテレスの影響を受けつつ、人間を政治的・社会的動物であると捉える。トマスにとって国家は、アウグスティヌスが考えたように人間の罪の産物ではなく、人間が幸福に至るために必要な存在である）。

さらに、トマスは、自然法において、共通的原理と、特殊・固有的結論を区別する。たとえば「理性に従って行為すべし」というものは共通的原理に該当し、万人にとって正しい。さて、この共通的原理から特殊・固有的結論として「預かったものは返却すべきである」との帰結が出てくるのだが、このような特殊・固有的結論が常に正しいとは限らない。なぜならば、ある人が祖国を攻撃するために預かったものの返却を要求するような場合もあり得るからである。したがって、共通的原理については誰にとっても正しいが、特殊・固有的結論については例外もあり得る。

このような議論においてなによりも確認しておくべき点は、トマスにとって法は人間を幸福へと導くものである、ということである。トマスの法思想においては、神の世界計画＝永久法に参与すること以上の幸福は人間には存在しない。（人間なりに理解された永久法である）自然法に従うということは、神の世界計画に参加することを意味する。それゆえ、自然法に従うことは人間を幸福へと導くのである。

人間によって生み出される人定法に関するトマスの議論も、人定法をこのような自然法の派生物であると捉えられることによってはじめて理解可能な

ものとなる。人定法は、自然法が定めていない細目を定めるものであり、人定法に従うことは、間接的であるが、自然法に従い、さらには永久法に参加することを意味する。それゆえ、人定法に従うことは、人間を幸福へと導くのである。しかし、人定法が自然法に反するものであったならばどうなるだろうか。本来、法は幸福へと人間を導くものであるはずなのに、この場合、人定法に従うことによって、人間は幸福へ至ることができないこととなる。それゆえ、自然法に反する人定法は法が本来果たすべき目的（幸福への導き）を果たせないこととなる。それゆえ、自然法に反する人定法は法の歪曲（破壊）として捉えられざるを得ないのである。

　最後に、神法について確認しよう。理性的な宇宙に、人間は自然本性の実現を通じて貢献することができる、という自然法の発想そのものはキリスト教以前にも、たとえばストア派に見いだされたものであり、トマスの法思想を独自なものたらしめているのは、むしろこの神法である。神法と呼ばれるものの主たる内容は、新旧の聖書である。すでに確認したように、人間の究極目的（幸福）は、神を認識すること、神の世界計画に参与することにある。しかし、このような幸福に到達するためには、人間はみずからの自然本性を自覚し、追求する（自然法を遵守する）だけでは不十分である。確かにトマスは、アウグスティヌスと比して、人間の自然本性を高く評価するが、しかし、ストア派やペラギウスが考えたように人間がみずからの自然本性を追求するだけで完全な幸福（人間の究極の目的、最高善、永久法の分有）に到達できる、とはトマスは考えない。自然本性を実現するだけでは不完全な幸福、不完全な分有にたどり着くにすぎない。それゆえ、人間の究極目的、完全な幸福にたどり着くために神が与えた法、すなわち神法が必要とされるのである。人間の自然本性の追求を命じる自然法のみでは幸福に到達するために不十分であり、完全な幸福にたどり着くためには神の助けである神法が必要であるとするこのようなトマスの法思想が、自然本性の追求によって到達できる徳のみでは幸福に到達するためには不十分であり、完全な幸福にたどり着くためには神学的徳を必要とするとするトマスの徳論、ひいては、人間の完

全な幸福のためには自然本性の追求のみならず恩寵が必要であるとするトマス思想の全体構造と同一の構造となっていることは明らかであろう。

　このように見るならば、トマスの法思想は、人間の自然本性について論ずるアリストテレス哲学的（＝非神学的）議論をみずからの体系の中に受け入れつつ、このような哲学的議論の限界を明確に見定めた上で、その不足を神学によって補うというトマスの思想を反復していると見ることができるだろう。その意味では、人間の自然本性を追求せよと主張するトマスの自然法論そのものは、必ずしも神学固有の議論とはいえないこととなる。自然法を神の摂理たる永久法の分有として捉えること等、トマスの自然法論にはキリスト教的な前提が採用されていることは間違いないが、人間が自然法の内容を理解することは、基本的には（神学ではなく）哲学によって可能であるし、それゆえにこそ、トマスはキリストを知らない異教の哲学者アリストテレスの議論を援用することができたのである。むしろ神学者トマスの法思想の独自性は、自然法とならんで神法の必要性を訴えたことにあるといえるだろう。それゆえ、トマスの法思想全体についてならともかく、トマスの自然法論を指してキリスト教的自然法論と呼ぶならば、（トマス自身の意図にそうならば）いくらか誤解を招くこととなるだろう。法思想史においては、必ずしも前面に神の存在が提示されるわけではない近世、近代における自然法論を指して、しばしば（トマス的なキリスト教的自然法論と対置する形で）世俗的自然法論という言葉が用いられることがあるが、しかし、そもそも自然法論そのものが、トマスにあってはかなりの程度まで世俗的（哲学的）な議論なのである。

・❺・
古典的自然法論の後退

　さて、ここまで見てきたような、アリストテレスをその古典的創始者とし、トマスにおいて一つの頂点を成す、目的論的自然観を背景とする古典的自然法論は、機械論的自然観を採用するトマス・ホッブズにおいて根本的な転機を迎えることとなる。しかし、ホッブズ的な思想は突然に現れたわけで

はない。トマス以後、いわば古典的自然法論法からの後退とでも呼ぶべき現象が存在することに多くの研究者は注目してきた。このような後退を遂行した代表的論者としては、しばしば、ウィリアム・オッカム（1285年頃 – 1347/1349年）やフーゴー・グロティウス（1583年 – 1645年）が挙げられる。彼らはホッブズにおけるほど公然と古典的自然法論に反旗を翻したわけではないが、それぞれ異なった形で、古典的自然法論とは異なった自然法観を提示するにあたり大きな役割を果たすこととなる。

　まず、オッカムの議論について確認しよう。アリストテレス哲学をより積極的に神学に受容しようとするラテン・アヴェロエス派がタンピエによって断罪されたことについてはすでに触れた。この断罪を受け、14世紀頃のスコラ哲学はみずからの理論をあらためて提示することとなる。トマスや、アリストテレスの影響を強く受けた神学者たちにおいて神の理性と自然秩序をある程度まで同一視し、神を自然に内在する存在と捉える傾向が存在したのに対し、オッカムや、オッカムが強い影響を受けたドゥンス・スコトゥス（1265/1266年 – 1308年）は、人間や自然に対して神が超越的・絶対的な存在であることをあらためて強調する。アリストテレスやトマスらにおいて強調されていたのは（論者によりいくらかの表現の相違はあれど）、この世界に存在するものにはあらかじめ定められた目的（自然本性）が存在し、このような目的に向かって運動すること（自然本性の追求）が善であるという理解である。このような理解の前提には、この世界は（少なくとも本来のあり方としては）善い世界、秩序ある世界であるという認識が存在し、このことを端的に表現しているのがアウグスティヌスやトマスのいう永久法であった。しかし、オッカムにおいて、神は全くの自由意志に基づいてこの世界を創造したのであるし、いつでもこの世界の秩序を変更することが可能である。

　このようなオッカムらの議論に従えば、この世界の秩序は、現在、神がたまたまそのようにあるように意思した、偶然的なものにすぎず、この世界が善い世界であるというトマスらの前提は成り立たない。この世界のあり方が、すなわち人間のあり方も偶然的なもの、一時的なものであるにすぎない

ならば、本書が見てきたような意味での「自然本性」のような観念は否定され、善はもっぱら神の意志に依存することとなる。すなわち、目的論的自然観は放棄され、これまで自然法と呼ばれてきたものも、もっぱら「神の自由な意志に従うこと」以上の意味を持たないこととなる。ここでは、古典的自然法論が重視してきた、自然法と人間の自然本性との関連が絶たれることとなるのである（なお、このような議論は、具体的には、たとえば、十戒により人間には殺人が禁止されているにもかかわらず、創世記において神がアブラハムに息子を生け贄に捧げることを命じるという具合に、矛盾したように見える神の命令の性質を説明するために用いられる。すなわち、オッカムらにおいては、神は自由に意思することができるため、これらは矛盾ではないとされる）。

　他方、法思想史においては、しばしば、トマスにおいて典型的に見られるような神学的自然法論は、オランダの法学者フーゴー・グロティウスの『戦争と平和の法』（1625年）を一つの大きな契機として世俗的（近代的）自然法論へと向かうこととなる、と説かれてきた。グロティウスの発想はある意味ではオッカムの見解とは正反対である。グロティウスによれば、人間には社交性を求めるという自然本性が存在し、このような自然本性を保護することが自然法の源泉である。このようなグロティウスの自然法論に言及される際、必ずといっていいほど引き合いに出されるのは、自然法は「神は存在しないとか、神は人事を顧慮しないといった、最大の冒涜を犯さずには認めることができないことをあえて容認しても、ある程度妥当するだろう」という『戦争と平和の法』における一節である。このような議論により、グロティウスは、自然法論から神学的性格を払拭し、世俗的・近代的自然法の基礎を築いたと評されてきた（おそらく、このような理解は、ドイツ啓蒙主義哲学を代表するクリスティアン・トマジウス（1655年－1728年）による、グロティウスによって自然法論はスコラ哲学の悪影響から解放されたとする評価に大きな影響を受けている）。

　しかし、「世俗的（近代的）自然法論の創始者」としてグロティウスを扱うことに対しては、研究者から幾度も強い批判が向けられてきた。まず、確認されなければならないのは、一方では、グロティウスの議論は古典的自然法

論の流れにあることである。16・17世紀当時のヨーロッパにおいては、宗教
戦争における悲惨な現実に応ずる形で、ヘレニズム哲学における一潮流で
あったピュロンの懐疑主義が有力な立場となっていた（その代表的論者として
ミシェル・ド・モンテーニュ（1533年－1592年）がいる）。グロティウスはこのよう
な傾向に対抗するにあたり、懐疑主義的な議論のうち、最も手強い主張を
行った人物として、後期アカデメイア派のカルネアデス（前214年頃－前129年
頃）の議論を選び出す。プラトンの立場を受け継ぐアカデメイア派は、元々
は懐疑主義的な立場ではなかったが、カルネアデスの頃には、懐疑主義に強
く接近していたのである。グロティウスは、カルネアデスの立場を、人間は
自己利益をもっぱら追求する生き物であり、法は便宜や習慣を越えるもので
はないと主張する立場と捉えた上で、人間は自己利益を追求する存在である
と同時に社交的存在であることを示すために、とりわけストア派（たとえば
セネカやマルクス・アウレリウス）の議論に依拠した（グロティウスは、自身のいう
社交性はストア派のいう親近性に対応するという）。それゆえ、この点について古
典的自然法論の流れとグロティウスのあいだに根本的な断絶が存在するかの
ように語られるべきではないだろう。自然法論の世俗化の端緒を成した人物
としてグロティウスを扱うことは、自然法論はキリスト教神学から生まれた
のではなく、それ以前から長い伝統を有している、という事実を、そして自
然法とは自然本性の実現を命じる法のことであるという事実をややもすると
認識しにくくする。

　また、自然法論の神学からの相対的独立はすでに（グロティウス自身もそこに
含まれる）後期スコラ哲学（たとえばリミニのグレゴリウス（？－1358年）のようなス
コラ哲学者によって、「神は存在しなくとも自然法は存在する」とする議論の萌芽は見ら
れる）に見いだされるものであり、少なくともこの点についてはグロティウ
スに独創性が存在するとはいえない、ということも研究者によってしばしば
強調されてきた。

　しかし、法思想史を取り扱う本書において強調しておきたいのは、そもそ
も自然法論という思想そのものが、すでにトマスの時点で神学からある程度

独立していたことである。グロティウス法思想の近代的意義を強調する研究
は、しばしば、グロティウスが神の意志からなる神意法と、人間の自然本性
の追求を命じる自然法とを区別したことを確認した上で、自然法が神の意志
から独立したことを強調する。しかし、あらためてトマスの議論を確認する
ならば、自然法とは、人間の自然本性を認識し、自然本性の追求を命じる法
を指していた。すでに確認してきたように、トマスにおいて人間の自然本性
とはなにか、という問いは、ある程度までは神学から独立した問題として捉
えられており、それゆえに彼は「異教の哲学者」アリストテレスの議論を援
用することができたのである。そして、このような自然法によってのみでは
到達し得ない、完全な幸福に至るために不可欠であるような神学特有の法を
トマスは神法と呼んでいたのである。このような意味では、自然法論は、す
でにトマスの時点である程度ではあれど世俗化への道を内包していたといえ
るだろう。もちろん、「なぜ人間がそのような自然本性を有しているのか」
という問いについては、トマスの見解では、「神がそのように作ったからだ」
と答えることになり、今日の我々の目からすれば、到底トマスの議論を世俗
的な議論と見ることはできないだろう。しかし、人間の創造主が神であり、
それゆえ人間はなんらかの善たる自然本性を有するという認識については、
グロティウスにおいてもなんら変わるところはない。その意味では、グロ
ティウスの発想は、いまだ信仰と理性、換言すれば神学と哲学の調和を旨と
したスコラ哲学の伝統に棹さしている。

　もちろん、このように理解することは、トマスとグロティウスのあいだに
相違が存在しないこと、グロティウスに法思想史上の独自の意義が存在しな
いことを意味するわけではない。グロティウスの議論の大きな特徴は、彼に
おいてはもはや自然法を遵守することが、アリストテレスやストア派、トマ
スの意味での人間の目的の実現として捉えられてはいないことにある。グロ
ティウスはみずからの主張する社交性がアリストテレスらの意味での善や最
高善であるとは述べておらず、むしろ人間の優れた生き方が多様であること
を認めている。古典的自然法論においては、自然法を遵守することは我々が

生きるこの世界における善に貢献することであったが、グロティウスにおい
てはこのような議論はもはや主要な関心の対象となっていないように思われ
る。むしろグロティウスの関心は、人間が誰しも、みずからの利益を追求す
ると同時に社交的生活を求めているという自然本性を有しているという事実
に基づいて、人間のあいだの紛争（とりわけグロティウスの関心は国際間の紛争に
あるが）を解決するための道筋を示すことにあるように思われる。このよう
な意味でグロティウスの議論は、人間の自然本性を実現することが、自然が
人間に与えた目的を実現すること（＝幸福となること）にあると捉える目的論
的自然観からの一定程度の離反を意味していると理解することができる。

　このように、オッカムとグロティウスは、全く異なった観点からではある
が、法思想史において目的論的自然観を後退させることに貢献したといえ
る。そして、このような発想の徹底は、トマス・ホッブズによって行われる
ことになるのである。

トマス・ホッブズ

トマス・ホッブズの法思想をそれ以前の法思想と大きく相違させているのは、ホッブズの議論の前提に存在する機械論的自然観である。すでに何度も確認してきたように、アリストテレスに始まる古典的自然法論においては、自然は目的に向かって運動する存在として捉えられていた。そして人間もまた同様に目的に向かって運動する存在であり、古典的自然法論において想定されている人間の自然本性とは、人間におけるこのような目的に向かう運動として捉えられ、このような目的に従うべきことが自然法として捉えられていた。しかし、ホッブズにおいては、このような目的論的自然観は明確に拒絶され、自然も人間もただ自然法則に従って運動する存在であるにすぎない。そしていまやホッブズにおいては、人間がみずからの自然本性（それはもはや、古典的自然法論においてそうであったような、理性的な自然との調和を意味しない）に従って活動することは、少なくとも自然状態という一定の条件下では、きわめて悲惨な結果を招く。それゆえ、自然法は人間の自然本性に合致する行為を命じているとはいえない。むしろ、このような人間の危険な自然本性を一定の仕方でコントロールすることこそが自然法の眼目である。アリストテレスらにおいてそうであったように従来の自然法論において理性が軽視されていたわけでは決してないが、ホッブズにおいては、自然法は人間の自然本性からおのずと現れるのではなく、理性を通じて把握されることとなるのである。

❶
生涯と著作

1588年、イングランドのウィルトシャー州においてトマス・ホッブズは生

まれた。父はイングランド国教会の牧師であったが、ホッブズが10代の時に
傷害事件を起こし、その後は叔父が彼の経済的な世話をした。優秀な成績で
オックスフォード大学を卒業した彼は、イングランドの有力貴族である（後
の）第2代デヴォンシャー伯爵ウィリアム・キャヴェンディッシュの家庭教
師として雇われ、それ以後、ジャヴェス・クリフトン卿の子息の家庭教師と
して仕えた時期を除いて、ほぼ終生にわたってキャヴェンディッシュ家に仕
えることとなった。当時、イングランドの名家の子息は、学問修得の仕上げ
としてヨーロッパ大陸旅行に出かけるのが通例であったが、ホッブズは三度
（1610年 – 1615年、1629年 – 1630年、1634年 – 1637年）にわたって大陸旅行に随行して
いる。ニコラウス・コペルニクス、ヨハネス・ケプラー、ガリレオ・ガリレ
イらによって数多くの自然科学上の変革がもたらされた、いわゆる科学革命
の時期におけるこの大陸旅行への随行がホッブズの思想形成に大きな影響を
与えてきた。とりわけ、二度目の大陸旅行においてユークリッド幾何学に触
れ、定義、論証、証明の重要性を学び、三度目の大陸旅行においてガリレイ
と出会ったことが特筆されるべき事実である。

　帰国後、ホッブズは多くの著作を執筆する。法思想史にとってとりわけ重
要であるのは、『法の原理』（1640年執筆）、『市民論』（1642年）、『リヴァイア
サン』（1651年）である。これらの著作はホッブズ自身の人生をも波乱に富んだ
ものとした。『法の原理』は、公刊されておらず、手稿が回覧されたのみで
あったが、国王と議会の争いが激化しつつあるイングランドの情勢の中で、
この著作によって彼は絶対王政擁護派と見なされ、身の危険を感じた彼は
1640年にフランスに亡命することとなる。彼は、その後、内乱（ピューリタン
革命）によってフランスへと落ち延びてきた国王派の人々と交流を持つこと
となる。彼はこの時期に、『市民論』および『リヴァイアサン』を公刊し
た。しかし、教会権力を主権者に譲り渡すべきことを主張した『リヴァイア
サン』は特にイングランド国教会の聖職者たちの怒りを買い、無神論者、国
王派の敵という烙印を彼に押させることとなった。結果として1652年に、彼
はいまや共和政権下となったイングランドに帰国せざるを得ないこととなる。

　共和政権下でのホッブズは比較的平穏な生活を享受していたが、1660年の
チャールズⅡ世による王政復古により、彼の立場は微妙なものとなる。彼
はチャールズⅡ世とは復古後、即座に和解したのだが、彼を敵視する人々
の働きかけによって、英語の著作の刊行と『リヴァイアサン』の再版が禁止
された。そのため、ホッブズは著作の公刊に苦心することとなる。たとえ
ば、コモン・ローに対する国家制定法の優位を説いた『哲学者とイングラン
ドのコモン・ロー学徒の対話』（1681年）は生前に出版の許可が出されなかっ
た。このような強い風当たりの中、彼は1679年に亡くなった。

・❷・
機械論的自然観と宗教観

　さて、上記のように自然科学的知識を貪欲に吸収したホッブズは、機械論
的自然観と呼ぶべきものを背景としてみずからの議論を組み立てた。このよ
うな自然観は、アリストテレスやトマス・アクィナスに見られたような、自
然には目的が内在していると考える目的論的自然観と対比することによって
理解が容易となる。目的論的自然観においては、自然の一部である人間には
自然本性（目的）が存在し、この自然本性を実現することが人間にとっての
（最高）善（＝幸福）であり、また、このような自然本性の実現を命じるもの
が自然法であった。これに対し、ホッブズは、自然はもっぱら自然法則に
よって把握されるべきだと捉える。このような自然には、当然ながら人間も
含まれる。ホッブズにとって人間の意思は、生命運動を促進する作用をもた
らすものに対する欲求と、それを阻害するものに対する嫌悪を意味する。そ
して、善とは欲求の対象であり、悪とは嫌悪の対象である。すなわち、人間
とは、自身の生命運動を維持するために新陳代謝を行う一個の物体以上のも
のではない。また、ホッブズにおける理性とは、欲求を満たす手段を教える
推論能力にほかならない。彼は、このような前提に基づいて組み立てられた
みずからの議論を指して、学問としての政治学をはじめて確立したものであ
ると主張する。『リヴァイアサン』に触れる読者の中には、その冒頭部分に

置かれた「感覚とはなにか」、「情念とはなにか」といった、一見したところ本論とは関係のなさそうな議論に触れて辟易とする人もいるかもしれない。しかし、これらの議論は、ホッブズの社会契約論がどのような形で機械論的自然観に基づいて執筆されているかを確認するために重要である。

　しかし、他方で確認しておきたいのは、ホッブズの機械論的自然観は、無神論から導かれているわけではなく、ホッブズ独自の聖書解釈から導かれていると理解することができることである。ホッブズ自身が神に対してどのような態度を取っていたか、という論点をめぐっては、これまで多くの議論が行われてきたが、近年における興味深い解釈は以下のように説明する。ホッブズの聖書解釈によれば、現世においては、神が支配する領域たる「神の王国」は（ローマ・カトリック教会が、現在の教会を神の王国と捉えていたのとは異なり）存在しない。「神の王国」は過去と将来に存在するにすぎない。したがって、この世界を支配するのは、神の教説ではなく、自然法則であるということが神学的観点から正当化されているのである。だが、このようなホッブズの神学的観点は、（ホッブズ自身の主観的意図はともかく）むしろ、神学を社会科学から追放する機能を果たしたのである。

・❸・
自然状態・自然権・自然法

　さて、確かにホッブズは、伝統的な自然法論と同様に、人間が追求する目的を善と呼ぶ。しかし、すでに見たように、ホッブズのいう善とは、欲求の対象であるし、このような善を追求することによって生物としての人間が道徳的完成に達するわけでもない。この点において、ホッブズの議論は、人間にとっての善を、単なる欲求ではなく、理性ある人間にふさわしい徳と結び付けた古典的自然法論と大きく異なる。そして、さらに古典的自然法論者とホッブズの大きな違いとして、ホッブズの見解では、人間が善（＝欲求の充足）を追求しようとすることは、少なくとも直接的には、むしろ人間の破滅を意味することが挙げられる。このことを示すために、ホッブズは自然状態

における人間のあり方について考察する。

　自然状態とは、共通の権力（国家）が存在せず、個人がばらばらに生活している状態を指す。ホッブズの議論は自然状態から出発する。自然状態というアイデアそのものはホッブズによってはじめて提出されたわけではなく（たとえばグロティウスにその萌芽が見いだされることもある）、ホッブズの独創性は、上記のような人間観と自然状態論を結び付けた点において存在する。この点について、ほかの思想家と簡単な比較を行っておこう。たとえばアリストテレスにおいて、人間はポリス的動物として捉えられていた。すなわち、人間が国家を生み出すのはごく自然な現象であり、ここでは自然状態を想定する余地はない。これに対して、ホッブズによれば、自然状態において国家は人間の自然本性からの帰結としてすんなりと正当化されるわけではない。すなわち、国家はいわばある程度不自然な産物であり、人為の産物である。

　ホッブズによれば、自然状態において人間は、身体的・精神的能力という面から見て、おおむね平等な状態にある。そのような人間たちは、みずからが欲する対象を獲得するための希望を平等に持ち、そして対象を獲得する途上において各人は敵対する。そしてこの敵対は、競争心、不信、名誉欲といった人間の性質により、人間が常に相争う（可能性がある）状態、つまり「万人の万人に対する闘争」へと導くこととなる。このような状態においては、常に死の恐怖がある。また、このように共通の権力がない状態においては正義も不正もなく、所有権も存在しない。自分の物と他人の物の区別もなく、各人が獲得し得るものが、各人が保持している限りでのみ各人のものとなるにすぎない。また、ホッブズにとって法とは服従することを義務付けられた者に対する命令にほかならないが、このような自然状態においては法も存在し得ない。ホッブズは、このような状態においては、各人はみずからの生命を維持するため、すなわち自己保存のためになにをしても許されているとする。このような自己保存の権利をホッブズは自然権と呼ぶ。

　さて、人々は、みずからの生命を維持するために、みずからの生命が失われる可能性が高いこのような極めて悲惨な万人の万人に対する闘争の状態

（自然状態）から脱却しようとする。ホッブズは、理性によって発見された、自然状態から脱却する方法を自然法と呼び、それは理性のアドバイスとされる。このような自然法は19個存在する。代表的なものをいくつか挙げておくと、第一の自然法は、「各人は、平和を獲得する希望がある限り、それに向かって努力すべきであり、そして、彼がそれを獲得できないときには、彼は戦争のあらゆる援助と利点を求め活用してよい」、第二の自然法は、「人は、平和と自己防衛のために彼が必要だと思う限り、ほかの人々もまたそうである場合には、すべてのものに対するこの権利を、進んで捨てるべきであり、ほかの人々に対しては、彼らが彼自身に対して持つことを彼が許すであろうものと同じ大きさの自由を持つことで満足すべきである」、第三の自然法は、「人々は結ばれた信約を履行すべきだ」というものである。人々は理性を通じて発見されたこれらの自然法に導かれて、社会契約、すなわち国家の設立へと導かれることとなる。

　ここまでの議論を踏まえて、ホッブズの自然法論が伝統的な自然法論と隔絶している点をまとめるならば、大きくいって以下の二点が注目されるべきである。第一点は、ホッブズの考える自然法と人間の自然本性との関係に関わる。ホッブズは、人間の自然本性を、生命運動を促進する作用をもたらすものに対して欲求すること、換言すれば、生命の保全に求める。しかし、人間がみずからの自然本性をそのまま追求するならば、相互の破滅という悲惨な結果に陥るということを考えれば、人間はみずからの自然本性を追求するべきだと考えていたアリストテレス以来の立場とホッブズの立場が大きく異なることは明らかである。むしろ、理性のアドバイスたる自然法は、人間がみずからの自然本性をそのまま追求することを制約するのである。

　第二点は、自然法は法ではない、と捉えられていることである。ホッブズにとって法とは服従すべき者に対する命令である。これに対して、自然法は理性によって見いだされたアドバイスにすぎず、それ自体としては法ではない。ホッブズにとって、法は社会契約を経て国家が成立したのちにはじめて存在し得る。すなわち、ホッブズにとって法とは、主権者が定めた命令、す

なわち実定法を指す（「真理ではなく、権威が法を作る」）。このような観点から、ホッブズはしばしば、人間によって作られた実定法のみが法であると捉える法実証主義の父といわれる。では、ホッブズにとって国家とは、そして法とはどのような存在であろうか。続いてこの点について確認していこう。

・❹・
国家の成立

　次に、国家の成立について確認していこう。すでに見たように、人間が自然本性をそのまま追求するならば、すなわちみずからの自己保存権を無制限に行使するならば人間は相互に滅ぼし合うしかない。それゆえ、人間には、みずからの自己保存権を相互に放棄するという合意を結ぶほかには、生き延びる道はない。しかし、自然状態においては単なる合意は実効性を持たない。なぜならば、合意に基づいて自身が自己保存権を放棄したとしても、相手方も同様に合意を遵守するとは限らないからである。このように相手方が裏切る可能性がある以上、自身もまた合意を遵守する義務を負わないとホッブズは考える。ここでは、合意の遵守に実効性を持たせる権力が欠けているのである。したがって、実効性を保つために、すべての人々は特定の人あるいは集団にみずからが有する自己保存権につき、一部（たとえば自分の生命を奪おうとして力ずくで自身に襲いかかる人々に抵抗する権利）を除き、委ねることとなる、とホッブズはいう。このような合意により、人々は一つの人格にまとめ上げられる。これが国家であり、国家こそが合意に実効性を持たせる存在である。そして、この国家という人格を担う者（自己保存権を譲り渡された人あるいは集団）が主権者であり、人々はこの主権者の臣民である。人々はこのように主権者に服従することによって保護を得るのである。ホッブズにとって法とは、このような主権者ないし国家の権力によって裏打ちされたものにほかならない。なお、国際関係においてはこのような主権者はいまだ存在せず、国際社会は自然状態同然であるとホッブズは考える。

　これがホッブズのいわゆる社会契約論なのだが、ここで注意すべき点は、

ホッブズが「社会契約によって成立した国家が正しいのだ」とか、「国家は
社会契約によって成立するべきだ」、と考えていたわけではないことであ
る。ホッブズは、国家の成立のあり方として、設立による国家と、獲得によ
る国家が存在するという。前者は、ここまで見てきたような合意に基づく国
家である。これに対して後者は、たとえば戦争の勝者が、勝者の意志に従う
ことを条件として敗者の生命を助けることによって成立する。しかし、本質
的に両者のあいだに相違は存在しない。両者が異なるのは、設立による国家
の場合、人々はお互いを恐怖することによって国家を設立するという合意を
結ぶのだが、獲得による国家の場合、自分たちが恐怖しているまさにその人
に対して服従するということのみである。

　すなわち、ホッブズが主張したい点は、自然状態にいる人々は、みずから
の死を望まないならば（そして、このことは人間の自然本性であるとされているわけ
だが）、どのような経緯をたどるにしても主権者へと服従せざるを得ない、
という点である。このような経緯が、強者に対する命乞いである場合もある
し、人々のあいだでの合意である場合もある。しかし、いずれにしても、自
然状態においては自身の生命を維持するために理性を働かせるならば、いず
れかの経緯をたどって人々は同様に主権者の意思に服従せざるを得ないので
ある。

　さて、ホッブズが『リヴァイアサン』において詳細に述べているのは、国
家成立の状況に関してよりも、成立した国家（それは、獲得による成立であろう
と設立による成立であろうと変わらない）の主権者が有する権力についてであ
る。この点につき、ホッブズは、主権者の権力が臣民によって制約されない
ことを倦むことなく強調する。たとえば、主権者の諸行為が臣民によって非
難されることはあり得ないとか、主権者が行うことは臣民によって処罰され
得ないとかとされる。一言で述べるならば、主権者の権力は絶対的なのであ
る。また、法とは主権者によって作り上げられるものであり、また、主権者
自身は必要なときにはいつでも法を廃止し得るので、法に服従することはな
い。また、所有権（それが自然状態においては存在しなかったことはすでに見た）は

国家が作り出すものであり、そうである以上、所有権者は、みずからの所有権に対する主権者の侵害を排除することはできない。

　ところで、ホッブズは、主権者であっても自然法に服従しなければならないと説き、たとえば、罪のないものを処罰することは許されないとか、ある事実が生じたことに対して処罰をなす場合には、処罰がなされる前に法が作られていることが必要である（すなわち罪刑法定主義の原則である）とかとも説いている。人々によって権力を認められた主権者であろうと神の臣民であることには変わりはなく、自然法が神の命令と理解されるならば、それに従う義務を有するからである。しかし、すでに見たように、臣民によって君主の諸行為が非難されることはあり得ない。

　しかし、なぜここまで主権者の権力が強力であるべきなのだろうか。ホッブズは、「人々がそのような合意を交わしたからだ」とも説明するが、設立による国家の場合の場合はまだしも、獲得による国家の場合にもこのような議論が十分な説得力があるとは思えないし、そもそも、より重要なのは、「なぜ人々がそのような合意を交わすのか」という理由である。このような議論に対しホッブズが持ち出すのは、まさに書名の表題であるリヴァイアサンの概念である。ホッブズは国家を旧約聖書に出てくる巨大な怪物であるリヴァイアサンにしばしば喩えている。そして、その際、リヴァイアサンのことをホッブズは、仮死の神であるとか、地上のあらゆる被造物と同じように死ぬべきものと述べている。すなわち、ホッブズにとって、国家は、そしてその担い手である主権者は、絶対的ではあるが、か弱い存在である。ホッブズは、主権者は対外戦争による暴力死に遭遇し得るだけでなく、人々の無知と情念のために、まさにその設立の時から、内部的不一致による自然死の多くの種子をその中に持っていると説明する。そして国家が解体されたならば、人々は万人の万人に対する闘争の状態、すなわち自然状態という災厄に回帰せざるを得ない。そのような意味で、ホッブズにとって自然状態とは（歴史上の過去の時点において現実に存在した状態ではなく）国家が存在しなければ常に回帰せざるを得ない状態である。そして、このような自然状態への回帰

をせき止めているのは、国家というか弱い存在である。それゆえに、人々は国家を、そして主権者を弱めるような振る舞いをしてはならないのである。したがって、ホッブズの背景にある思想を一言でまとめるならば、国家（あるいは秩序）とは稀少な存在であり、国家が存在しない極めて危険な状態である自然状態への回帰を阻むために、我々は国家を維持するために最大限の努力をしなければならない、というものであるといえるだろう。

　このようにホッブズの議論を見るならば、「ホッブズは社会契約論者である」と無条件に述べることはいくらか誤解を招くといわざるを得ないだろう。すでに確認したように、「社会契約によって成立した国家が正しいのだ」とか、「国家は社会契約によって成立するべきだ」とホッブズは主張したわけではない。ホッブズの主眼は、むしろ、主権者権力が存在しないよりも存在する方がずっと好ましいゆえに、そして、「自然状態において絶対的な主権者を生み出す合意をすることが合理的である」と人々が判断するゆえに、主権者は絶対的であるということを論証する点にある。たしかに主権者の権力から害が生じることもあるが、しかし自然状態（これをホッブズは内乱になぞらえている。なお、ホッブズはこのような自然状態のアイデアをピューリタン革命以後のイングランドにおいて発生した内乱によってもたらされた状態から得たと説かれることがあるが、ピューリタン革命以前からすでにホッブズは自然状態論を説いていたことにも注意する必要がある）により生じる悲惨と比べればはるかに耐えやすいとホッブズは説く。さらに、ホッブズは、霊的（宗教的）な権力が世俗的権力（すなわちここまで見てきたような国家）に介入することは、内乱を招くと説く。人々が自然法、つまり神の法違反を口実として主権者を非難することができないのも、この点に理由があると考えられる。

・ 5 ・
生命の防衛

　ここまで、ホッブズにおける国家およびその担い手である主権者がいかに強力な権力を有するかを確認してきた。とはいえ、国家を設立する契約を結

ぶ元々の目的は、各人の自己保存という点にあるのだから、仮に国家が特定の人物を（当該人物が裁判を経て有罪とされたとしても）処罰しようとするならば、当該人物はその処罰から逃げる権利を持つとされる。このような議論により明らかとなるのは、国家の目的はあくまでも個人を守る点にあるということである。合意によって国家を設立することは、このような目的を達成するための手段にすぎない。対外的および対内的な戦争によって、国家が臣民を保護するだけの力を失ったならば、それは国家の解体であり、各人は自身の判断に従って、自己を保護する自由を持つこととなるのである。

　さて、ここまで確認してきたことを踏まえるならば、ホッブズにとって国家が正当であるのは、人々が国家を設立する合意を相互に結んだからというよりも（あるいはそれは建前にすぎず）、あくまでも国家が人々の生命や安全をより確実に防衛することを可能とするから、そしてその限りにおいてであるということとなるだろう。

ジョン・ロック

　ジョン・ロックは通常、個人の自由、個人の権利を重視する、（世俗的な）自由主義の代表的担い手と捉えられてきた。また、このような意味で、彼の議論は（古典的自然法論と区別された）近代的自然法論に属すると見られてきた。しかし、近年の研究はロック思想の背景に神学的基礎が存在することをしばしば強調している。このように考えるならば、ロックの議論は近代自然法論という枠組みでは十分に説明することができないこととなる。むしろ、ロックは、古典的自然法論と同様に、人間にはみずからの自然本性を実現する義務があると捉える。ロックの議論の独創性は、彼が考える人間の自然本性の内容にあり、人間を「労働する生き物」と捉えるロックの人間観こそが彼の議論の新しさを生み出したのである。

・**1**・
生涯と著作

　1632年、イングランドのサマセット州においてジョン・ロックは生まれた。ロックの家庭環境について注目すべき点として、両親が敬虔なピューリタンであったことが挙げられる。近年の研究においては、ロック思想のキリスト教的背景に注目されることが多いが、彼のこのような思想的背景は幼少期にさかのぼることができる。

　オックスフォード大学卒業後、ロックは、大物政治家であり、当時のイングランド王であったチャールズ II 世と政治的に敵対することとなるシャフツベリ伯の知己を得、彼と行動を共にすることとなる。国王政府による監視を受けていたロックは、シャフツベリ伯とともにオランダに亡命する（1683年）こととなる。ロックの主著である『統治二論』（1690年）の目的は、長い

あいだ、イングランドにおける名誉革命（1688年‐1689年）を理論的に正当化することにあると理解されてきた。しかし、実際には『統治二論』は、1679年から1681年にかけて生じた、王位排除法案（カトリック教徒であったヨーク公ジェームズ（後のジェームズⅡ世）のイングランド王位継承権を剥奪するためにイングランド議会に提出された法案）をめぐる争いに際して、神学的根拠に基づいて国王権力の絶対性を擁護する、国王派のバイブルであったロバート・フィルマーの『父権論』（1680年）を批判し、シャフツベリ伯の立場を擁護するために執筆されたものである（したがってロックにとって主要な敵はフィルマーであり、ホッブズではない）。そして、『統治二論』の大部分は、遅くともロックのオランダ亡命までに執筆されたと目されている。なお、ロックは政治的迫害を恐れて、『統治二論』の著者が自身であることを終生否定し続けた。

　『統治二論』以外のロックの主要著作は主に亡命期に執筆された。とりわけ注目に値するのは、宗教的寛容を説いた『寛容についての手紙』（1689年）や、経験主義的な認識論を確立した『人間知性論』（1690年）である。1689年にイングランドに帰国した後、ロックは比較的穏やかな生活を送り、1704年に亡くなった。

・❷・
神学的パラダイム

　ホッブズを経た後にロックの著作に触れた読者は、まるで、目的論的自然観（それは、決して必然的ではないが、しばしば神学的世界観から現れる）から機械論的自然観（自然科学的世界観）への転換など存在しなかったかのような印象を受けるだろうし、ロックの著作がホッブズの時代よりも後に書かれたことを容易には信じられないだろう。法思想史においては、しばしば、ロックの議論が（古典的自然法論が個人の義務を重視したのに対して）個人の自由や権利を重視する近代的な法・政治思想の原動力となったかのように論じられることが多いし、そのような理解は確かに間違ってはいないのだが、実際にはロック自身の議論は、きわめて強く神学的パラダイムに彩られている。このことを

示す表現としてしばしば引用されるのは、『寛容についての手紙』において表明されている「たとえ思考の中においてであっても、神を取り去ることはすべてを解体することである」というフレーズである。このフレーズは、先に見た、神の存在を脇に置く可能性を示唆したグロティウスの表現の対となるものと理解することもできるだろう。このようなフレーズからも理解できるように、ロックにとって人間は、まず、神（造物主）によって創られた存在（被造物）である。人間は神の命により、神の業のためにこの世に送り込まれた存在である以上、人間は神の所有物であり、神の欲する限りにおいて存続すべき存在にほかならない。人間は確かに自由で平等な存在であるが、それはあくまでも、そのように神が創った存在であるからである。それゆえ、人間が自由であるといっても、たとえば自分を破壊する権利、つまり自殺する権利などは認められていない。このように主張するロック法思想の根底にあるものは、なによりも、人間は神によって与えられた目的、使命を実現しなければならない存在であるという認識である。この点において、ロックの議論は、アリストテレスやトマス・アクィナスらの古典的自然法論の流れにある（たとえば、ロックが頻繁に引用するリチャード・フッカー（1554年-1600年）はきわめて強くトマスの影響を受けている）。

　では、人間は神によってどのような使命を与えられているのか。あるいは、本書がしばしば用いてきた表現を用いれば、ロックにとって人間の自然本性（目的）はなにか。ロックの議論の新しさ（近代性）は、むしろこの人間の自然本性の内容にある。ロックによれば、神は、勤勉で理性的な人間を祝福しているのであり、決して喧嘩好きで争いを好む人間の気まぐれや貪欲さを祝福したのではなかった。すなわち、ロックにおいて人間とは、労働する生き物である。人間は神によって、まず、生存すること、次いで、神に与えられたこの世界を労働を通じて開拓しつつ、豊かに生きることを使命として与えられた。労働を神によって与えられた使命とするこのような人間像はアリストテレスやトマスにおいては見られないものであった。ロックの議論に新しさが存在するとすれば、その新しさの大半の部分はこのような人間の自

然本性論の内容に由来する。では、ロックはこのような自然本性論に基づいて、いかなる法・政治思想を組み立てたのだろうか。

・❸・
自然状態とプロパティ

　さて、ロックにとっての出発点もまた、ホッブズと同様に自然状態である。しかし、自然状態における人間のあり方は両者のあいだで大きく異なる。ロックは人間の自然本性を勤勉で理性的な存在として把握した。このような人間は、ほかの誰かよりも大きな権力を持つことはなく、人々が他人に服従することはないという意味で平等であり、他人に許可を求めたり、他人の意思に依存したりすることなく自身が適当と思う行動をとることができるという意味で自由である。しかし、ロックはこの自由を放縦、すなわちいかなる拘束もなくほしいままに生きることとして理解するわけではない。人々は相互に自由で平等なのだから、何人も他人の生命や健康、自由、財産を侵害するべきではないという自然法に従わなければならないのである。

　さて、ロックにおいて、先ほど確認した人間の自然本性論と法・政治思想を結び付けているのはプロパティ論である。ロックは個人の生命や健康、自由、財産を総称してプロパティと呼ぶ。プロパティという英語は、通常、所有権、財産と訳されるが、ロックは、この言葉において生命や健康、自由といった、通常は所有権に含まれない対象も含めている。そのため、ロックにおけるプロパティという言葉はそのままプロパティと用いられるか、固有権と訳されることが多い。

　ロックによれば、神はまず、人々に対してこの世界（大地と人間以外の動植物）を共有物として与えた。しかし、すでに確認したように、神が人間に与えた目的は、生存し、そしてこの世界を開拓することにあった。それゆえ、人間はこの世界を有効に活用しなければならない。ロックの考えでは、世界を有効活用するためには、各人のプロパティを認める必要がある。それは以下のような理由による。

　第一に、各個人にプロパティを認めなければ、すなわち、すべての物が人類の共有物のままであるならば、ある物を利用する際、すべての人間の同意を得なければならないこととなる。しかし、このようなことは不可能である。たとえば木の実を食べる場合に、その都度すべての人間の同意を得なければならないとするならば、その人間は餓死するほかなく、このような事態は神の意志に反する。

　第二に、土地や物は労働を加えない限り無価値である。土地であれ、衣食であれ、自然にあるがままではほとんど価値がない。自然に存在するものに対して価値を与えるのは労働である。ところで、人は誰でも、自分自身の身体に対するプロパティを持つ。そして、みずからの労働によって自然からなにかを取り出すならば、人はその対象に対してみずからの労働を混同したこととなり、それを彼自身のプロパティとすることが許される。労働を通じて獲得されたこのようなプロパティは、労働した人間の物であって、他人にも十分に資源が残されている場合には、このプロパティに対する権利を、彼以外の誰も持つことはできない。すなわち、勤勉、労働こそが人間の自然本性である以上、労働した者に対してプロパティが認められることこそが神の意志にかなうのである。

　しかし、労働を通じて獲得された所有物であっても、腐敗するほど所有しているのであれば所有は認められない。それは、世界に存在する物を腐敗させたり、破壊したりするために神が創造を行ったとは考えられないからである。すなわち、労働によってある物を獲得したからといって、人間はその物をいかなる形でも取り扱うことができるわけではない。ロックの考えるプロパティとは、このような制約が付随したものであり、確かに世界に存在する物は労働を通じて各人に帰属し得るのだが、しかしあらゆる物は各人の物である以前に神の物である。しばしば、労働を通じてプロパティを獲得するというロックの議論は不明確であると指摘されてきた。しかし、ロックの議論を、彼の神学的前提や人間観と併せて理解するならば、この点はいくらか明確なものとなることだろう。

　また、以下の点についても確認しておこう。ロックの議論は自分自身が自分自身を所有する自己所有権論であると位置付けられてきた。このことは確かに間違ってはいないが、しかし、ロックにおいては、各個人が自身を所有する以前に、各個人は神の被造物（所有物）であり、神の意志に反することを行うことはできない（たとえば人間には自分を維持する義務がある）のであり、後世における自己所有権論とは性格が大きく異なることも多い。先に確認した自殺の禁止もその一つであろう。

・❹・
政治社会の成立

　ここまで見てきたように、ロックの出発点は、神によって人間に与えられた自然本性は生存、そして労働にあり、労働を通じてこの世界を開拓する（この世界に価値を与える）ことこそが神の意にかなう（人間の自然本性を実現する）ものであるということであった。しかし、ロックの考えでは、自然状態においては、このような人間の自然本性を実現することはしばしば困難である。確かに、ロックは、自然状態を、人々のあいだを裁く権威を備えた共通の上位者は存在しないが自然法が支配する状態とさしあたり捉え、争いの状態である戦争状態と区別する。しかし、現実には人々は必ずしも自然法を厳格に遵守するわけではなく、自然法の侵害はしばしばあり得る。このような場合、自然法が侵害されたと考えた者は、この法に違反する者を、法の侵害を防止する程度まで（そして、その限りで）処罰する権利（自然法の執行権）を持つ。このような処罰は、みずからの権利を侵害された者のみならず、自然状態にいる者であれば誰でも行い得る。そして、このような権利が行使された場合には戦争状態が発生することとなる。

　現実の状態と自然状態との相違は、いかにしてこの戦争状態が終結するか、という点に関わる。現実の状態においては、実際の実力行使が終焉した場合には、人々のあいだの戦争状態も終わりを告げる。過去の侵害行為の救済を訴え、将来の損害を予防する道が開かれるからである。これに対して、

自然状態では、戦争状態は攻撃を加えた側がみずから平和を申し出て、賠償
を行い、罪のない者に対する将来の安全を約束するまで絶え間なく続く。す
なわち、自然状態の不具合は、戦争状態が存在すること（それは我々の現実で
もあり得る）それ自体ではなく、どんなにささやかな仲違いでも継続的な戦
争状態に至りがちであることにある。このような状態においては、人々はみ
ずからのプロパティを確固としたものとすることは困難である。人々が社会
の中に身を置き、自然状態を離れる大きな理由の一つは、このような自然状
態が有する不具合を回避する点にある。すなわち、人々は、自分が有する自
然法の執行権を放棄し、結合して一つの団体をなし、彼らのあいだの争いを
裁定し、犯罪者を処罰する権威を備えた共通の確固とした法と裁判所とに訴
えることができるような社会、すなわち政治社会を形成することとなる。
ロックの考えでは、自然状態においては（1）正・不正の基準となる、人々
の一般的同意によって認められている、制定され、恒常的な、公知の法が、
（2）制定された法に従ってすべての争いを裁決する、周知された公平な裁
判官が、（3）判決を正当に執行する権力がそれぞれ欠けているため、各人
が有するプロパティが確実に保全されないという不都合が存在する。これに
対し、人々は政治社会に入るに際し、自身が持っていた自然法の執行権力を
放棄し、社会の手に委ねることにより、自身の自由とプロパティをより確実
に保護しようとする。しかし、あくまでも各人はみずからの状態をよりよく
しようと意図したゆえにこのような放棄をするのであるから、政治社会から
信託を受けた立法部の権力は、このような意図の範囲内に制限されることと
なる。では、このような制限を立法権力が越えた場合はどうなるのか。これ
こそが抵抗権論が取り扱う問題である。

・❺・
抵抗権

　ロックとホッブズの議論を実践面という点から比較する場合、両者のあい
だの最大の相違は、後者が抵抗権の行使をごく例外的な場合のみに限定した

のに対し、前者が抵抗権の行使を広く認めた点にある。それはなぜだろうか。まずは、立法権力の限界について確認していこう。

　さて、ロックによれば立法権力は、共同体とその成員とを保全するために政治的共同体の力がどのように用いられるべきかを方向付ける権利を持つ権力である。立法権力は最高の権力であるとしても、限界を持たない権力ではない。すなわち、人々によって行われた信託によって、そして神および自然の法によってあらゆる立法権力には以下のような制約が課せられる。

　　　（1）立法権力は国民の生命と財産に対して絶対的で恣意的な権力ではあり得ない。
　　　（2）立法権力は公布された恒常的な法と、権威を授与された公知の裁判官とによって、正義を執行し、国民の諸権利を決定するよう義務付けられている。このことが守られていない状態は、自然状態よりも悪い状態に陥ることとなる。
　　　（3）立法権力はいかなる人間からも同意なしにはプロパティの一部たりとも奪うことはできない。
　　　（4）立法部はほかのいかなるものに対しても、法を作る権力を委譲することはできない。

　では、統治者（政治権力の保持者）がこのような制約を守らなかった場合はどうなるのか。ここで取り扱われる問題が抵抗権である。この問題を論ずるにあたり、ロックは社会の解体と統治の解体とを区別する。すでに見たように、自然状態にいる人々は、まず、同意によって（政治）社会を形成し、その後、社会は統治者に政治権力を委ねることとなる。したがって、社会が解体されるならば、同時に統治も解体するのだが、社会が解体する可能性は、外国勢力による侵略以外にはほとんど考えられない。これに対し、統治が解体する（その場合は、社会は解体しない）場合としては、（この点に関するロックの説明はやや明確さを書くが）立法部や君主が、信託に反して行動した場合、すな

わち国民のプロパティを侵害した場合が挙げられる。このような場合、社会が立法部に与えた政治権力の元々の目的に反して行動することとなるため、立法部が有していた権力は消滅し、社会に権力が復帰することとなる。この場合、社会は、新たな立法部を設立し、それによって、自由に自分の身を処すことができる、とされる。これがいわゆる抵抗権である。さらに、暴政に抵抗する権利だけではなく、暴政を予防する権利も社会には認められる。

　しかし、同じ社会契約という構成を取りつつも、ホッブズが抵抗権の可能性を限りなく縮減したのに対し、ロックがその可能性を広く認めようとしたのはいかなる理由によるのか。

　この点についてはいくつかの観点から説明することができる。従来の研究においてしばしば強調されてきたのは、ロックが社会契約のあり方を、自身が所有している権利をよりよく実現するために他者に預ける信託という観点から説明したことである。また、人民は保守的であり、実際に抵抗権を行使することは滅多になく、それでも抵抗権が行使されるならば、それはよほどの圧政が行われた場合であるなどとロックはいう。しかし、ロックを首尾一貫した自然法論者として見た場合、これらの議論より、より重要であるのは、抵抗権は権利というよりもむしろ義務に近いものである、ということである。すでに確認したように、ロックにおいてプロパティは、人間が神によって与えられた使命を果たすために不可欠の権利であった。プロパティが立法権力によって不当に侵害されることは、人間がこのような使命を果たすことができなくなることを意味する。ロックにおいて抵抗権は、（ホッブズにおいてはそう考えられていたように、）単に自身の私利私欲（自己の生命の維持）のために行使されるものではない。むしろ、神に対する義務に近い性格も持ちあわせているのである。

　しばしば、ロック思想における近代性は、義務を中心とする従来の自然法論から権利を中心とする自然法論への転換に見いだされてきた。しかし、今日の我々が考えがちであるように、権利とは自分のものであり、それをどのように利用しようと自由である、と考えるのであれば、ロックの議論は権利

を中心とする議論であるとはいえない。ロックにおける権利（プロパティ）は各人が自身のためにまったく自由に利用できるものではない。むしろ、権利とは、神によって与えられた使命を実現するための手段であり、それは義務としての性格をも併せ持つのである。

　このように、ロックの議論は、神学的性格によって彩られたものである。しかし、他方において確認するべきなのは、ロックの議論がいかなる形で受容されてきたか、ということである。ロックにおける自然状態およびそこで結ばれる合意に基づく国家の設立という発想は、さしあたり、神学的基礎をロックと共有していない論者にとっても一定の説得力を持つものとして受容されてきた（たとえば20世紀の哲学者ロバート・ノージック（1938年‐2002年）が『アナーキー・国家・ユートピア』（1974年）で示している、ロックのプロパティ論を参考としつつ、個人が有する権利の絶対性を強調する議論がそうである）。しばしば指摘されてきたように、そのような理解は、ロック自身の意図に反しているのだろうが、現実にその後の思想に影響を与えてきたのは、主として、ロック思想のうちの世俗的部分である。このように、個々のテクストは、著者の意図とはかけ離れた形で受容される（かけ離れていることが自覚された上で受容される場合もあるし、必ずしもそうとはいえない場合もある）こともあり得る。しばしば、法思想史においては、著者の意図を理解することが唯一の課題であり、テクストの誤読はただ批判されるだけの価値しか有さないかのように理解されることがあるが、テクストに託した著者の意図と、テクストの受容のありかたにおける複雑に入り組んだ関係を解きほぐすこともまた、法思想史の重要な課題の一つである。

8

ジャン＝ジャック・ルソー

　ジャン＝ジャック・ルソーもまた、自然状態における社会契約をみずからの基軸に据えた論者であった。ところで、ルソーもまた、人間の自然本性にこだわるという点で、これまで見てきた多くの自然法論者と同様の思想を有している。しかし、ルソーの議論の大きなポイントは、想定されている自然本性がほかの多くの論者、たとえばアリストテレスやトマス・アクィナスらとかなり根本的に異なる、という点にある。後者は、人間の自然本性が（動物とは区別されて）理性的であるということを重視する。これに対してルソーは、むしろこのような理性は自然本性に反している、という点を出発点としている。ルソーにとって文明は人間を堕落させたのであり、むしろ人間の自然本性は、野生人であることにある、これがルソー思想の初発のモチーフである。しかし、法思想史的観点から見た場合、ルソーの議論は単なる文明批判にとどまるものではない。ルソーのより根底にある思想は、人間の自由である。ルソーは、文明は人間を不自由にしたと考える。しかし同時に、ルソーは文明と自由は両立可能であるとも考える。このことを可能とするのが社会契約である。

❶ 生涯と著作

　1712年、ジャン＝ジャック・ルソーは、当時は小さな都市国家であったジュネーブの公民（参政権を持つ身分）であった両親の元に生まれた。父は時計技師であり、後年、ルソーが「手に職を持つ」職人を最も自由な職業として捉えていることは、このことに関係するのかもしれない。ルソーの人生は全体としてはとても幸福なものであったとはいえない。母はルソーを産んだ

後、すぐに亡くなった。その後、ルソーは、父とともにプルタルコス『対比列伝』等の歴史書に親しんだ。ルソーが『社会契約論』において古代ローマの共和制を理想として描くこととなる素地はこの頃に培われたものであろう。しかし、ある貴族とのあいだにトラブルを引き起こした父は、ルソーが10歳のときにルソーを置いてジュネーブから放擲する。孤児同然となったルソーは叔父に面倒を見られつつ、彫金師の徒弟として住み込み生活を送るがうまくいかず、15歳のときにはジュネーブを離れて放浪生活を送ることとなる。この時期の少なからぬ期間において、ルソーはヴァランス男爵夫人の愛人かつ被保護者として生活していた。思想家ルソーの形成に関しては、この時期に膨大な哲学書、科学書を学んだことが特筆されるべきことである。ただ、この時期、ルソーが読んだ本の多くは古典と17世紀のものに限定されていたようである。ヴァランス男爵夫人との関係が破綻し、30歳のときにパリに出たルソーは、音楽によって身を立てようと考えたがこれもうまくはいかず、この頃、愛人とのあいだにできた子供をことごとく孤児院送りにしたことは、後のルソーの名声に大きな傷を付けることとなる。しかし、この頃に、人間の理性を称揚する、いわゆる百科全書派の啓蒙主義者ドゥニ・ディドロ（1713年 – 1784年）やヴォルテール（1694年 – 1778年）と知り合うこととなり、ルソー自身も百科全書に執筆することとなる。

　ルソーにとって大きな転機となったのは、ディジョン科学アカデミーが募集した「学問と芸術の復興は人間の習俗を清らかにするのに役だったかどうか」という課題の懸賞論文である。この課題を見たときに、ルソーは「私は別の世界を見、別の人間になったと感じた」と述べている。この懸賞課題に答えるために執筆され、入選したのが『学問芸術論』（1750年）であり、この著作によって、ルソーは思想家としての名声を獲得することとなる。その後、ルソーは同じくディジョン科学アカデミーが募集した「人間のあいだの不平等の起源はなにか」という課題の懸賞論文にも応募している。こちらの論文は落選しているが、この論文が『人間不平等起源論』（1755年）である。しかし、『人間不平等起源論』は啓蒙主義者であるヴォルテールとルソーと

の不和を招き、このことはルソーを長いあいだに渡って苦しめることとなる。その後ルソーは、さらに『社会契約論』（1762年）等の多くの著作を公刊したが、結局のところ彼は、ほぼ生涯にわたり定職らしい定職に就くことなく、趣味も兼ねた楽譜の写本によって1778年に亡くなるまでの生計を立てることとなる。

・❷・
野生人と自然状態

　『人間不平等起源論』におけるルソーにとってもまた、ホッブズやロックと同様に、出発点は自然状態である。そして、このような自然状態において生活している人々をルソーは野生人と呼ぶ。ところで、このような野生人とはどのような存在であるのか。ルソーは、最初の人間が自然状態にいたわけではないことは聖書を読めば明らかであるとした上で、自身の目的は歴史的な真理や真の人間の起源を明らかにすることにあるのではなく、仮定と条件に基づいて事態の本性を明らかとすることにある、と述べる。すなわち、ルソーは、自然状態に存在する人間が人間の自然本性をもっともよく表現した存在であると明確に主張しているのである。ところで、ルソーは、従来の思想家は、この自然状態や野生人を適切に把握していなかったと批判する。これまでの思想家は、社会の中で見いだされた考えを自然状態に持ち込み、自然状態における人間のあり方について語りながら、社会の中の人間を描いていたとされる。すでに見たように、ホッブズは、人間はその自然本性においてみずからの生命を維持するためにはいかなることをも行う存在であると考えていた。しかし、ルソーによれば人間がこのような行為を行うのは、社会の産物である様々な情念のゆえであるが、自然状態においてはこのような情念は存在しない。『人間不平等起源論』はしばしば文明批判を目的とした書物であると位置付けられているが、ルソーの考える人間の自然本性は、文明に毒される以前の人間のあり方を指しているのであり、このことを明確にするために、彼は自然状態や野生人から出発するのである。

　では、ルソーにとって野生人とは、換言すれば人間の自然本性とは具体的にどのようなものであるのか。ルソーによれば、野生人は野生動物と大差のない存在である。ルソーの考えるこのような人間の自然本性は、アリストテレス＝トマス流の、動物と人間を区別し、理性を重視する人間の自然本性論とは大きく異なる。しかし、ルソーの人間の自然本性論もまた、（ホッブズと異なり）人間の自然本性を善と捉える点でアリストテレス＝トマス流の議論と連続性を有していると考えることができる。では、ルソーにとって人間の自然本性（＝野生人）はなぜ善であるのか。ルソーによれば、確かに（ホッブズが述べたように）人間には、自己愛という自然な、動物も有する感情に由来する自己保存の欲求が存在する。しかし、野生人は、自分の同胞が苦しんでいるのを目にすることに生まれつきの嫌悪を感じるという哀れみの情をも併せ持つ。ルソーによればこの哀れみの情は人間が有する自然な徳であり、しばしば動物でさえこの徳を有している。人間がみずからの危険を顧みずに他人を助けることがあるのは、この哀れみの情に由来する。自然状態においては、この哀れみの情こそが法と習俗と美徳の代わりを果たすのであり、自然状態が善い状態であるのは、誰一人としてこの感情に逆らうことがないからである。寛容や慈悲、人間愛といったものもこの哀れみの情に由来するのであり、野生人は、この感情のゆえに、か弱い子供や衰えた老人が苦労して手に入れた食べ物を奪うようなことはしないのである。後に見るように、人間を堕落させるのは人間たちを結ぶ相互依存であるが、自然状態において野生人はばらばらに生きているため、相互依存は生じない。野生人たちは、あらゆる軛から自由である。このような点から、ルソーは、野生人は、自由で、心が安らかで、身体が健康な存在であり、自分の生活に不満を抱きみずから命を絶とうとする人の少なくない文明人よりもよほど幸福であるとする。

　では、このように自由で独立して生きていた人間が、いかにして群れ集い生きるようになったのか。この点についてルソーは、人間たちは、おそらくは自然災害によって孤立した場所に閉じ込められて生きるようになったのだろう、と述べる。ここでルソーの議論のおおざっぱさを非難しても意味がな

いだろう。すでに確認したように、ルソーはあくまでも人間の自然本性を明らかとすることを目的としているのであり、歴史的に精確な解答を示そうとしているからではないからである。いずれにせよ、動物とは異なり、環境に適応しようとする自己改善能力を有する人間は、次第に住居の中で生きることを覚え、また、家族を構成し、財産や言語を形成することとなる。このように人間が群れ集まって生きるようになると、公の尊敬を受けることがなにより重要となる。最も美しいものや最も強いもの、最も巧みなもの、最も雄弁なものが最も尊敬されるようになる。このようにして人々のあいだで自尊心という観念が発生することとなる。いまや尊敬を他人に対して欠くことは侮辱であり、他人を軽蔑することを意味する。人々は、自分に向けられた軽蔑に対して復讐することとなり、このような復讐は、自尊の気持ちの強さに比例し、残忍になっていった。

　しかし、ルソーは、この段階における人間こそが、最も幸福であったとする。確かにこの時代においては野生人が有していた善良さは失われ、哀れみの情も変化を受けることとなる。しかし、この段階における人間は、それぞれが独立して生活していながらも、他人と交際する楽しさを享受していたのである。

　ルソーの考えでは、人間の善良さが本格的に失われはじめるのは、冶金術や農業によってもたらされた、私有財産制度とそれに伴う不平等による。私有財産の観念は、先ほど確認した自尊心の観念と相まって、他人に優越したいという願いから、相手を害してでも相手より大きな財産を獲得したい、という熱意を生み出す。すなわち、一方では競争心と敵愾心が生まれ、他方では利害の衝突が生まれるのだが、このような悪は私有財産が生み出したものである。この際、確認したいのは、ルソーは、豊かな者が貧しい者よりも幸福（すなわち自由）だ、と単純に考えているわけではないことである。ルソーの考えでは、文明社会においては豊かな者も貧しい者も等しく奴隷である。貧しい者は他人の援助を必要とするという意味で奴隷なのだが、それだけでなく、豊かな者、つまり他人の主人であっても他人の奉仕を必要とする、つ

まり自由で独立した存在ではない、という点において奴隷であることには変わりないからである。

　このようにルソーは文明人における堕落を描くのだが、ここで注意しておきたいのは、ルソーは決して「文明人は野生人に戻るべきだ」と主張していたわけではないことである。しばしば、ルソーがこのように主張したと誤解される理由は、「自然に帰れ」というスローガン（しかし、ルソー自身の著作においてまったく同様の表現が見受けられるわけではない）がルソー思想の核心を表す表現として理解されてきたことや、『人間不平等起源論』を読んだヴォルテールが皮肉交じりに「この本を読むと四本足で歩きたくなる」とルソーに手紙を送ったことにあると思われる。しかし、ルソー自身は、野生人に戻ることなど不可能だ、と明言している。では、文明社会の発展（人間と人間との結合）に伴って、人間が邪悪になり、不幸になり、不自由になったことに対する処方箋はどこに求められるのだろうか。この点に対する解決策を示しているのが『社会契約論』である。

・❸・
社会契約と自由

　続いて『社会契約論』を見てみよう。『社会契約論』は、『人間不平等起源論』において明確な解答が示されなかった問題、つまり人間が結合すること（社会的になること）により発生する堕落に対してどのような対処がなされるべきか、という問題に対する解決の提示を試みた著作であると捉えることができる。

　このことに関連してか、『社会契約論』においては個々の人間が社会契約を結ぶ動機については、さほど詳しく取り上げられていない。すでに取り上げたホッブズやロックの場合、自然状態においてなんらかの具体的な不都合、すなわち、万人の万人の闘争により自身の生命が脅かされることや、プロパティを確保することが困難であるといった不都合があり、それに対処するために、人々は社会契約を結ぶ必要があったのだ、と論じられていた。こ

れに対して『社会契約論』においてルソーは、自然状態において存在するは
ずの不具合について（あるいは、自然状態そのものについて）はほとんど論じて
いない。ルソーはきわめて漠然と、様々な障害のために自然状態において
人々は自己を保存できなくなるため、人々は生き方を変え、多数の人々が協
力することとなる、としか述べていない。おそらく、『社会契約論』のル
ソーにとっては、人々が社会を形成するようになることは自明の理なのであ
ろう。ルソーにとってもっとも重要な関心は、いかにして、人間が社会的な
存在となりながらも、人間が堕落しないでいられるか、換言すれば、人間の
自然本性をいかにして取り戻すことができるのか、というものと考えること
ができる。

　では、『社会契約論』のルソーにとって人間の自然本性とはなにか。それ
は、自由であり、そして政治的活動である。人間の自然本性が自由にある、
という議論は『人間不平等起源論』においてもすでに現れていたが、野生人
論の影に隠れて、ややわかりにくいものとなっていた。これに対し、『社会
契約論』においてはこの点がきわめて明確である。『社会契約論』のほぼ冒
頭付近に置かれた、「人は自由な者として生まれたのに、いたる所で鎖につ
ながれている。自分が他人の主人であると思い込んでいる人も、実はその人
よりもさらに奴隷なのである」という有名な一節がこのことを示している。
さらに、ルソーは、人民が服従を強いられているならば、人民は自由を回復
することができる、なぜならば人民から自由を奪う根拠はないからだと述べ
ている。人間が現実に束縛されていようと、本来、人間は自由であり、自由
を取り戻す権利を有しているということである。このように人間は自由な存
在である以上、ルソーにとって社会秩序は合意（社会契約）に基づいて生ま
れたものであるほかはないし、社会契約によって設立される社会秩序は自由
と両立するものでなければならない。つまり、社会契約の目的は、各人がす
べての人間と結合しながら、それでもなお自分自身にしか服従せず、他の人
間と結合する以前と同様に自由の状態を保ち続けることを可能とすることで
ある。そして、このような自由を保ち続けるために、人間は政治に参加しな

ければならない。これこそがルソーが『社会契約論』において考える人間の自然本性である。以下では、この点を明らかとしていこう。

·❹·
社会契約と一般意志

　さて、具体的にはいかにして、人々は社会に加入した後も、自由であり続けることができるのか。その際、注目するべきは、社会に加入する前後において、人々が有する自由の意味が根底から変化することである。社会に加入する以前の人々は、当人が気に入り、しかも手に入れることができるものならなんでも自分のものにすることのできる無制限の自由を有していた。一言でいえば、恣意のまま生きる自由を有していた。ルソーによればこのような人々は本能的な欲求に基づいて行動している、愚かで視野の狭い動物と変わらない。しかし、社会に加入した後の人々は、ルール（たとえば所有権の正当な取得方法）に従って、つまり正義と法に基づいて行動することとなり、粗野な動物から知的な人間へと変化することとなる。この際、ルソーにとって重要であるのは、このようなルールをルールに服する者たちみずからが定めることである。ルソーは欲求だけに動かされるのは奴隷の状態であり、みずから定めた法に服従することこそが自由だという。

　では、人々がこのような意味で自由になるためには具体的にどのような社会契約を結べばいいのか。ルソーによれば、社会契約の本質的な部分とは、「我々各人は、我々のすべての人格とすべての力を、一般意志の最高の指導のもとに委ねる。我々全員が、それぞれの成員を、全体の不可分の一部として受け取る」こととされる。すなわち、各人は、自身が有しているすべての自由や権利を一つの団体に委ねることとする。これが社会契約である。この一つの団体（この団体こそが国家と呼ばれる存在であり、この団体の構成員は人民と呼ばれる）が、法律を通じてルールを定め、各人は国家を通じてみずからが生み出したこのようなルールに従いつつ生きることによって、自由となるのである。

　しかし、その際、主権者である人民は、野放図にルールを制定することは
できない。ルソーの考えでは、人民は決して腐敗することはないが、欺かれ
ることがある。その場合は、人民は悪しきことを望むこととなる。すなわ
ち、人民が決議したことが常に正しいというわけではない。それゆえ、一般
意志という、人民の決議を導く指導原理が必要となる。一般意志とは公益
(社会契約を結んだ各人に共通の利益)を追求する意思であり、人民全体の意志で
ある。これに対し、各人がみずからの私的利益を追求する意志を個別意志と
いい、この個別意志が一致したもの(個別意志の総和)が全体意志であるとさ
れ、一般意志とは区別される。ルソーによれば、人民の決議の正しさを保証
するのは、あくまでも、常に公正である一般意志という概念である。では、
一般意志はいかにして実現され得るのか。この点についてルソーはおおむね
二点ほど指摘している。

　第一は、結社の否定である。ルソーによれば、一般意志が生まれるために
は人民が十分な情報を持って議論を尽くし、互いに前もって根回ししていな
いことが必要である。しかし、人々が徒党を組み、国家の中に結社が存在す
る場合は話は異なる。このような場合は、結社の意志は、結社の構成員に
とっては一般意志であろうが、国家にとっては個別意志となり、国家の一般
意志の実現が困難となる。

　第二は、一般意志は一般的な対象しか持てないという点である。ルソーに
よれば、一般意志はすべての人を対象とする、すべての人から生まれた意志
である。それにもかかわらず、一般意志がある特定の個人的な対象を取り扱
おうとするならば、一般意志が備えていた正しさは失われることとなる。あ
る特定の個人的なものを対象とすることは、自分自身と関わりがないものに
ついて判断することであるから、公正さの原則が働かなくなるのである。

　社会契約が結ばれた後は、最大多数者の意志が常にほかのすべての者の意
志を拘束することとなる。しかし、このような場合、すべての人が自由であ
るにもかかわらず、少数者の立場に陥った者は自分の意志ではない意志に服
従することとなるのではないか、という異論があり得るだろうとルソーは考

える。このような異論に対してルソーは以下のように応じる。法律が人民に対して提案されたときに問われているのは、その法律を承認するかどうかではない。その法律が一般意志にかなっているかどうかが問われているのである。当該法律が一般意志にかなっているかどうかは、（人民がだまされていなければ）投票の賛否の数を数えることから判断できるのであり、自身と反対の意見が多かったならば、そのことは、自身が間違っていたことを意味する。つまり、自身が少数派となったということは、自身の判断が、（自分自身を含む）人民全体の意志である一般意志に照らして間違っているということを意味し、間違っている意志に従うことは自由では決してないということとなる。

　すなわち、ルソーにとって、多数決は、単に数が少ないものが多いものにやむを得ずに従うという政治システムではない。多数決は、正しい決議を認識するための決定的に重要なシステムなのである。

・❺・
一般意志と人民集会

　では、一般意志、つまり主権者である人民の意志は具体的にはどのようにして表明されるのか。自分自身で自分自身のことについて決めることが自由である以上、人民が集まる場所、すなわち人民集会において一般意志は表明されなければならない。立法権はあくまでもこのような人民集会において行使されることとなり、ルソーにとって政府（その主導的地位を占めている者が王や君主と呼ばれる存在であろうとも）は、主権者たる人民によって法律の執行を委託された存在にすぎず、主権者の召使いにほかならない。それゆえ、人民はいつでも執行を委託された人々を解任することができる。

　また、このような人民集会の重視は、議員や議会に対する否定的評価と表裏一体である。ルソーの考えでは、主権は代表され得ない。主権は本質的に一般意志のうちにあり、意志は代表され得ないからである。議員は決して人民の代表者ではなく、単なる代理人にすぎない。したがって、議員が最終的な決定を行うことはできない。「人民がみずから出席して承認していない法

律は、すべて無効であり、それはそもそも法律ではないのである。イギリス
の人民はみずからを自由だと考えているが、それは大きな思い違いである。
自由なのは、議会の議員を選挙するあいだだけであり、議員の選挙が終われ
ば人民はもはや奴隷であり、無に等しいものとなる」という有名な一節は、
このような文脈において述べられたものである。さらにルソーは、市民たち
が自由であるためには、単に人民集会に参加するだけではなく、みずから公
務に奉仕しなければならないとする。公務（たとえば軍役）を、金を払って誰
かに任せることは許されないのである。

　ルソーはこのような思想を展開するにあたり、古代ギリシアやローマを参
考にすべきであるとする。古代ローマにおいては人民集会が定期的に行われ
ていたし、ギリシアのポリスでは、市民は利益を得ることよりも自由である
ことに関心を持っていた、とされる。

　さて、ルソーが人間の理想として捉えていた、職人、野生人、古代ギリシ
ア、ローマ人はいずれも、自分のことを自分で決めることができる自由で独
立した存在であった。ルソーの考える人間の自然本性とはこのようなもので
ある。

9

ジェレミー・ベンサム

　ジェレミー・ベンサムは功利主義の思想家としてよく知られているが、法思想史においても、功利主義思想をベースとした上で、立法の重要性を説き、また、自然法論に対する批判を企てた法実証主義者として知られている。その議論の背景には、たとえばアリストテレスやストア派の考える、徳を本質とする人間像とはかなり根底から異なった人間像や、物質を超えたものを対象とする形而上学的な議論に対する嫌悪が見いだされる。ベンサムは、このような前提こそが、よりよき社会を構想するために不可欠なものであると考えた。以下では、この点を中心にベンサムの議論を確認していこう。

❶
生涯と著作

　1748年、ジェレミー・ベンサムは、事務弁護士の息子としてロンドンに生まれた。非凡な才能を有していたベンサムは、1760年に、12歳にしてオックスフォード大学クイーンズカレッジに入学し、1764年に卒業した。この時期の印象深いエピソードとして挙げられることが多いのが、卒業に際して、イングランド国教会の39箇条に含まれている信仰や規律に関する条項に宣誓する必要があったのだが、この宣誓についてベンサムが（イングランド国教会に対する信仰深い親族に育てられたにもかかわらず）大きな躊躇を覚えたことである。最終的にベンサムは父との関係の悪化を恐れて宣誓を行ったが、しかし、ベンサムが公にすることを拒否していたがおそらくは強く有していただろう宗教に対する懐疑主義的立場はすでにこの時点で確立していたと考えられる。その後、ベンサムは父の期待に従い、リンカーン法曹院に進学し、法廷弁護士となるために法律学の勉強を継続するのだが、この時期、ベンサム

はオックスフォード大学にて、のちに『イングランド法釈義』（1765年‐1769年）によってコモン・ローの大家として知られることとなるウィリアム・ブラックストン（1723年‐1780年）の講義を受けており、このブラックストンに対する反感がベンサムの法思想において重要な役割を占めることとなる。その成果として書かれたのが『統治論断片』（1776年）である。1769年、ベンサムは法廷弁護士となったが、父の期待とは反対に、実務に携わったのはほんのわずかな時期である。その後の人生をベンサムは膨大な（主として立法に関する）著作の執筆活動と、みずからの提案が実現するよう現実政治に働きかけることによって送ることとなる。よく知られた著作としては、自身の功利性の原理を明確に示した『道徳および立法の原理序説』（1780年に執筆され、1789年に出版）や、その続編にあたる『法一般論』（1782年執筆）、そしてフランス人権宣言を激しく批判した「無政府主義的誤謬論」（1795年執筆）である。

　その後、1790年頃から1803年まで、ベンサムは、ロンドンにパノプティコン型監獄を作るという計画を抱いていた。この監獄は、収容者たちからは互いや看守の姿を見ることができないが、看守からはすべての収容者を監視できるようにデザインされたものであり、このことによって、収容者は、（実際に監視がなされていなかったとしても）自身が常に監視されている可能性があると認識し、脱獄を諦めるようになる。ベンサムの見解では、このようなパノプティコン型監獄により、一方では少ない人数での監視が可能となり、他方では囚人に脱獄が不可能であると認識させることにより彼らを足かせによる身動き不可能な状態から解放させることができる。しかし、結果として、1803年にはイギリス政府にこの計画は却下され、再びベンサムは、理想的な法典の構想へと立ち返ることとなる。なお、このようなパノプティコンの発想は、のちにフランスの思想家ミシェル・フーコー（1926年‐1984年）によって近代国家における監視のあり方を象徴するものとして取り扱われることとなる。

　必ずしも具体的な時期やそのきっかけは明確ではないが、遅くとも1809年頃までには、ベンサムは政治的急進主義の立場に立ち（それ以前は、啓蒙専制

君主等によってみずからの構想が実現することを願っていた)、議会制民主主義こそ
が良き法を制定できる唯一の政治体制であると考えるようになった。1811年
からベンサムは、自身の法典の構想を採用するよう、ロシアやアメリカ、ス
ペイン、ポルトガル、ギリシア、さらにラテンアメリカ諸国等に働きかけを
行ったのだが、その中でもベンサムは、民主主義の国であるアメリカこそが
もっとも自身の働きかけが成功する可能性が高いと考え、力を入れて売り込
みを行っていた。しかし、いずれの国でもベンサムの試みが成功することは
なかった（ポルトガル政府は一度はベンサムの提案を受け入れたが、1823年に当時の自
由主義政府がクーデターにより崩壊することとなり、ベンサムの構想は実現しなかっ
た）。なお、ベンサムは「世界の立法者」としばしば呼ばれるが、このよう
な表現は1826年にグアマテラの政治家であり法律家であったホセ・デル・
ヴァルが民法典の起草についてベンサムの助力を求めた手紙における表現に
由来している。

　1832年6月6日、ベンサムは亡くなったが、彼の遺体は遺言に従い、オー
ト・アイコン（自己標本）として、今日においてもなおユニヴァーシティ・
カレッジ・ロンドンにおいて保管されている。

・❷・
功利性の原理とエンティティ

　ベンサムの見解では、人間（より精確には感覚を持つすべての生物）の行為す
べての根底にあるのは、快楽を望み苦痛を避けることである。ベンサムに
とって善とは快楽を享受し苦痛を避けることであり、悪とは苦痛を受けるこ
とや快楽が欠如していることを指す。このことを指して、ベンサムは「自然
は人類を苦痛と快楽という二人の主権者の支配下に置いた」という。すなわ
ち、ベンサムにおいて幸福とは（アリストテレスらとは大きく異なり）快楽が苦
痛を上回っていることにある。ベンサムにおいては、人間は、このような意
味での善を追求し悪を避けようとする心理的傾向を持つと同時に、快楽を追
求することは倫理的に望ましいことであると捉えられている。しかし、ベン

サムにとっての関心、すなわち人間にとって正しい行為とはなにかという問いに対する解答は、各人がみずからの幸福を利己的に追求するべきだ、ということにあるわけではない。ベンサムの関心は、どのようにすれば共同体の成員が享受する幸福の可能な限りの最大化（「最大多数の最大幸福」）を実現することが可能となるかという点にある。このようなベンサムの構想を功利性の原理（あるいは最大幸福原理）という。このような功利性の原理の実現を主として託されたのが立法者であり、そのための手段が法である。ベンサムの多くの著作が法に関係しているのは、このような理由による。

　人間の行為を快楽と苦痛に還元しようとするベンサムの見解を理解するために、『人間知性論』におけるジョン・ロックらの経験論的な議論の影響を受けたと思われる、彼のエンティティー（実在）に関する議論を確認しておくのがよいだろう。ベンサムにとって、人間の認識と言語の有意味な対象となり得るものが、エンティティである。このエンティティをベンサムは二つに分ける。一つは現実的エンティティであり、これは物質的世界に存在する対象（たとえばリンゴや犬）を指す。もう一つは虚構的エンティティであり、物質的世界に存在する対象ではないが、現実的エンティティに還元することが可能なものを指す。

　これらに対し、現実的エンティティに還元できないようなものは非エンティティである。たとえば人間の感覚を越えた超自然的なもの、形而上学的なものは、現実的エンティティに還元することはできず、非エンティティに属する。このような非エンティティについては検証することも反証することもできず、これについて語ることは端的に無意味である。

　ここで確認すべきは、ベンサムのいう功利性の原理は虚構的エンティティに属するということである。功利性の原理は当然、現実的エンティティではないが、功利性の原理の基礎にある快楽と苦痛という語は現実的エンティティであり、功利性の原理とは最大多数の最大幸福であり、幸福とは快楽が苦痛を上回っていることであるというように現実的エンティティに還元して説明することができる。これに対し、宗教や自然法は単なる非エンティティ

にすぎない。ベンサムが自然法を批判し、法や権利を主権者の権力に結び付けて理解した（このように理解する限りで法や権利は虚構的エンティティとして把握され得る）理由の一端は、このような哲学観に基づいている。このような反形而上学的な哲学観を踏まえるならば、確かに、先にも見たようにベンサムはみずからの議論を正当化する際に、しばしば自然という言葉に訴えているが、そこで用いられている自然という語にはアリストテレスやストア派、トマス・アクィナスに現れていたような目的論的自然観はもはや存在しないと理解されるべきであろう。このような意味で、ベンサムの法思想は、グロティウスによって開拓され、ホッブズによって展開された、法を可能な限り経験的事実に則して捉えようとする方向性に属すると捉えることができるだろう。このような意味でベンサムは法実証主義（本書でいう経験論的法実証主義）に属すると理解できる。

・❸・
パ ノ ミ オ ン

　さて、ベンサムは、法と功利性の関係について以下のような構想を有していた。すでに見たように、ベンサムは共同体の成員の幸福を最大化するべきと考えたのだが、その最も有効な方法は、完全な法典を作成することであった。この完全な法典のことをベンサムはパノミオンと呼ぶ。

　ベンサムの考えでは、功利性は主として、生存、豊富、安全、平等といった四つの副次的目的に分類することができる。功利主義的立法者の任務は、サンクション（処罰と報償）を用いて、共同体の幸福にとって有害な行為を抑制し、有益な行為を促進することにあるが、それは先の四つの目的を促進することによって実現されるのであり、具体的にはパノミオンによって、とりわけその中心であり、権利と義務の配分に関わる民法典によって実現することが可能であると考えられていた。

　四つの副次的目的のうち、民法にとって最も重要と考えられるのは、安全である。安全ということでベンサムが想定していたのは、人々が善き生を送

るにあたって重要な要素となっている諸利益、すなわち身体や財産、評判、生活条件に保護を与えることである。このような安全には合法的に獲得した所有物を現在および将来にわたって侵害から保護されることも含まれているのだが、このような安全は、なにが定められているかがあらかじめ公知されている制定法によってもたらされるのである。このような見解のゆえ、ベンサムは、功利性はもちろん、周知性、網羅性、明白な合理性を備えた法典の必要性を強く訴えた。

　人が生きていくために最低限必要な資源を指す生存、物質的資源が生きていくために必要な量以上にあることを指す豊富もまた安全と関連している。豊富が可能となるのは、安全によって労働の成果が保証されるからであり、このような豊富が存在することが、生存の可能性を増大する。また、このように獲得された富がいかに分配されるかを示すのが平等であり、ベンサムは、今日でいうところの限界効用逓減の法則（ある財から得られる満足度の増加分は、その財の保有量に伴って減少していくという法則）により死に瀕しているほどの貧困者に対しては最低限の公的支給の必要性を認めるが、それは例外であり、安全を害する形での財の再分配は原則として認められないとする。

　ベンサムの見解では、このような民法を実効的なものとするのが刑法の役割であり、それは幸福を減じる傾向性を持つ行為、すなわち犯罪に対して罰を与える。また、憲法は公人の権力、権利、義務および彼らの任命、解任方法を定めるものであり、これら民法、刑法、憲法が実体法をなし、これらの実体法は訴訟手続法によって実効化されることとなる。

・❹・
自然権、コモン・ロー批判

　ベンサムの議論を理解するためには、ベンサムのコモン・ロー、自然権批判も確認しておくことがよいであろう。コモン・ローも、自然権も、ベンサムから見れば、なにか意味あるものとしては存在してなかった。まず、裁判官によって形成されるコモン・ローは、ベンサムにとっては腐敗した、不可

知の、不完全な、恣意的なものにすぎなかった。それは、人々に対しての行動の指針にはなり得ず、ましてや、人々に対して安全を提供することもできない。自然権については、すでに見たエンティティに関するベンサムの理論からすれば端的に無意味な主張である。ベンサムの大きな目的は、コモン・ローや自然権といった不明確な概念を用いて、一部の人々が既得権益をむさぼっている現状を打破することにあったといえるだろう。ベンサムの見解では、権利は法の産物であり、法は立法者によって作られるものであった。それゆえ、立法者から独立した権利などというものは存在し得ない。また、ベンサムの見解では、法は功利性の原理に基づいて制定されねばならず、立法者は状況に応じていかなる形でも振る舞える存在でなければならず、あらかじめ自然権という手段により立法者の活動を制限することは許されない、とされるのである。

　今日においては、しばしば功利主義は、多数者の利益のために少数者の権利を犠牲にすることを正当化する邪悪な理論だと捉えられることが多い。しかし、少なくともベンサム自身の意図はこのような点にはなく、コモン・ローや自然権といった一部の人々を利するにすぎない不明確な基準ではなく、功利性という明確な基準によって、できるだけ多くの人々の生活を向上させることを目的とした理論であると捉えられるべきであろう。

10

イマニエル・カント

　イマニエル・カントの道徳・法思想の出発点は、ある意味ではホッブズやベンサムとよく似ている。すなわち、彼らは自然の目的を問うことは無意味であると考えており、人間の自然本性を追求することを自然法が命じていると捉える古典的自然法論の伝統から明確に隔絶した地点にいる。そして、ホッブズらと同様、カントもまた、ある意味においては「人間とは自然法則に従って動く物体である」とも捉える。しかし、カントはホッブズと異なり、「人間は自然法則ではなく道徳法則に従う存在でもあり、それゆえに自由な存在である。そしてこのような自由において道徳や法が存在する」とも考える。このようなカントの考えはいかなる哲学に由来するものなのだろうか。

・**1**・
生涯と著作

　イマニエル・カントは1724年、東プロイセンのケーニヒスベルクに生まれ、生涯、ケーニヒスベルクとその周辺を離れることはなかった。カントの家庭環境についてしばしば言及されるのは、両親がともにプロテスタントの一宗派であり、教理よりも個人の内面的信仰を重視する敬虔主義であったことである。カント自身が敬虔主義者であったとはいえないが、個人の内面を重視するカント倫理学に対して敬虔主義が及ぼした影響は小さなものではないことがこれまで多く指摘されてきた。

　ケーニヒスベルク大学卒業後、カントは大学教授のポストを得ようと努力するが、住み込み家庭教師や私講師（大学からの給料はなく、聴講者から直接聴講料をもらう身分）として糊口をしのぐこととなる。この時期のカントの著作に

は、自然科学を対象としたものが多い。この時期におけるカントの伝記的エピソードとしてよく知られているのは「ルソー体験」である。カントは、「ルソーから人間を尊敬することを学んだ」という覚え書きを原稿に残している。カントは日課としてきわめて規則正しく午後の散歩を行っていたのだが、ルソーの『エミール』(1762年) を読みふけるあまり、散歩を忘れてしまったとされる。

その後、カントは、1770年に「感性界と叡知界の形式と原理について」を発表し、また、同年にケーニヒスベルグ大学の論理学・形而上学の正教授に任命される。一般に、この時期を境として、カント独自の批判哲学が明確に現れてきたとされ、この時期以前のカントを前批判期、以後の時期のカントを批判期と呼ぶ。

その後、カントは「沈黙の10年」を経て、1781年に『純粋理性批判』(第1版) を出版し、その後、『実践理性批判』(1788年)、『判断力批判』(1790年) を立て続けに出版する (これらの三つの著作は合わせて「三批判書」と呼ばれ、カントの主要著作として扱われている)。また、比較的短い物であるが『啓蒙とはなにか』(1784年) や『人倫の形而上学の基礎付け』(1785年)、『永遠平和のために』(1795年) といった法思想史にとって重要な著作もこの時期に公表されている。また、カントの法思想が体系立てて論じられた『人倫の形而上学』は1797年に公刊された。このように、晩年に至るまでカントは多くの著作を残しつつ、1804年に亡くなる。

・❷・
目的論的自然観の追放

まずは、『純粋理性批判』におけるカントの議論について確認しよう。カントの主眼は、人間の認識能力に対して吟味を加えることにある。カントの考えでは、従来の認識論においては、人間の認識は、(人間の認識とは独立に) 外部に存在する対象をそのまま精確に受け取るものとして捉えられていた。それに対して、カントは、人間は外部に存在する対象そのもの (「物自体」)

を認識することができず、人間の認識が対象を構成すると説いた。このような転換を、天動説をしりぞけて地動説を説いたニコラウス・コペルニクスになぞらえて「コペルニクス的転回」と呼ぶ。

　カントによれば、まず「物自体」というものが存在する。これは対象のありのままの姿であるが、人間は、物自体をそのまま認識することはできない。人間の認識は、常に感性を通じて行われる。感性とは、対象から触発されて、対象のデータを受け取る能力であるが、感性は対象を常に、空間・時間の中に位置付けることによってのみこのようなデータを受け取る。感性によって受け取られた対象のデータは、さらに悟性という能力を通じて量・質・関係・様相という観点（このような観点をカテゴリーという）から整理される。このように、人間は、感性と悟性を通じて対象の認識を行うとされる。逆にいえば、感性と悟性を通じずに対象を精確に認識することはできず、そのような認識を行おうとするならば、人間は適切な認識を獲得できない、ということとなる。本書がこれまで取り扱ってきた問題、たとえば具体的な空間や時間の中に位置付けることのできない「神は存在するのか」とか、「神は自然や人間に目的を与えたのか」というような問題は、カントによれば、そもそも、人間が精確に解答を与えられない問題、人間の認識能力を超えた問題であるということとなる。すなわち、カントはアリストテレスやトマスによって想定されていた目的論的自然観を学問の世界から追放することとなる。それは自然（人間）には目的が存在しないからではなく、仮に自然（人間）に目的が存在したとしても、そのような目的を人間が精確に認識することは不可能であるからである。

　なお、カントは『判断力批判』において目的論についてより詳細に取り扱っている。確かに一見したところ、自然界に存在する生物は、なんらかの目的（たとえば生命の維持）を果たすために、驚くほど精妙な仕方で作り上げられている。生物がこのように精妙に形作られているのは、神が意図を持ってそのように作り出したからだ、とする議論は今日に至るまで何度も現れてきた。しかし、カントは、対象それ自体になんらかの目的が存在するのでは

なく、対象にあたかも目的が存在するかのように見いだす能力が人間に備わっているのだと論じる。このような能力をカントは目的論的判断力と呼ぶ。

　さて、このようにしてカントは、アリストテレスらにおいては密接に結び付いていた自然と道徳（人間の目的）とをそれぞれ無関係なものとして切り離すことにより、自然こそが道徳的な正しさのいわば道しるべ、基準である、という議論を追放したこととなる。いまや人間にとって認識可能な自然の世界は単なる自然法則の世界であり、人間もまた自然の一部である以上、自然法則に支配される存在である。ホッブズとは異なった道筋からではあるが、カントはホッブズとよく似た結論にたどり着いたこととなる。では、道徳について学問的に論じることはできないのだろうか。そうではない、とカントは考える。カントは、道徳を自然によって与えられるものではなく、人間がみずから理性を通じて見いだすものであると捉えた。ここからカントの道徳・法思想が出発する。以下では、『人倫の形而上学の基礎付け』を中心にカントの議論を見ていくこととしよう。

・❸・
義務と法則

　さて、カントは『人倫の形而上学の基礎付け』の目的を道徳性の最高原理を探求し、確定することにあるとした上で、このような課題を達成するために、まず、無制限に善いものである、善意志から出発する。

　意思から出発するというカントの議論は、アリストテレス的伝統からの根本的隔絶を表している。何度も確認してきたように、アリストテレス倫理学あるいは古典的自然法論の出発点は、人間には自然本性（目的）が存在し、その自然本性を実現することこそが最高善であり、幸福であるというものであった。このような議論に対し、カントにおいては人間の自然本性（人間の目的）を問うことは、哲学から追放されている。したがって、カント倫理学においては、アリストテレス以来の倫理学にとって最も基礎的な概念の一つとして取り扱われてきた幸福に対しても重要性が与えられない。アリストテ

レスらと異なり、カントにおいて幸福という概念は、（人間の認識能力を超えた対象である、アリストテレス的意味での）人間の自然本性の実現と完全に切り離されており、いわば生活に対する個々人の満足を指す。カントによってこのように理解された幸福は、カントの意味における善とはいかなる関係もない。人間が善であることは、人間が「幸福に値する」（「幸福である」ではない）存在であるための条件にすぎない、とカントは説く。

　では、カントにおいて、人間の自然本性と完全に切り離された善は、どのように理解されているのか。カントは、すでに見た善意思の本質を、道徳的義務を果たすことに求める。このような議論を指して、カントの倫理学はしばしば「義務倫理学」と呼ばれる。

　では、カントの考える義務とはなにか。「道徳法則が命じるものに対して、もっぱら道徳法則が命じるものであるがゆえに従う」ことがカントの考える義務である。この点を理解するためには二つの問いを分けて考えるのがよいだろう。一つ目の問いは「なにが義務に属するのか」という問いであり、二つ目の問いは「なぜ義務に従うのか」という問いである。この二つの問いに対しては、ともに、カントが道徳法則と呼ぶものを通じて解答を与えられる。すなわち、カントは道徳法則を自然法則と同様に例外を許さずに、いつでも誰に対してもあてはまるものでなければならないものであると把握した上で、このような道徳法則を義務と結び付けて考える。

　では、道徳法則とはいかなるものであり、いかにして見いだすことができるのか。道徳法則は義務を果たすことを命じる法則だが、カントは義務を命じる命法（命令）のあり方を仮言命法と定言命法に区別する。前者は、ある目的を達成するための条件として義務を命じるものであり、後者は無条件に義務を命じるものである。これら二つの命法のうち、仮言命法は道徳的な命法とはいえず、道徳的な命法といえるのは定言命法のみである。たとえば「テストでよい点を取りたいならば勉強せよ」という仮言命法の場合、その命令は、任意の意図（たとえばテストでよい点数を取りたい）を実現する時にだけあてはまり、人々が任意の意図を放棄したならば、その命令から解放され

るような偶然的なものにすぎない（テストでよい点数を取りたくないならば、勉強しなくてよい）。したがって仮言命法は例外を許すものであり、法則とはいえない。これに対して、定言命法は無条件的な命令であって、意志がその命令に反対することを許さず、人々が法則に求めるような、例外を許さずに、いつでも誰に対してもあてはまる必然性を備えているゆえに、道徳法則であるといえるのである。

　カントによれば定言命法は、「汝は、汝の格律が同時に普遍的な法則となることを欲することができるような格律だけに従って行為せよ」と命じる。格律とは、自身が行為を行うにあたっての方針、原則のことである。格律はさしあたってどのようなものでもいい。「人に親切にする」でも、「自殺をしてもよい」でも、「気に入らない相手を殴る」でもよい。カントは、このような格律のうち、法則となることが認められるような格律のみに従って行為せよ、つまり誰もがこのような格律に基づいて行動したとしてもかまわないと考えることができるような格律のみに従え、という。ここではカント自身が挙げている「守るつもりがない約束をしてもよい」という格律を取り上げよう。「守るつもりがない約束をしてもよい」という格律は法則になり得るだろうか。なり得ない、とカントは論じる。この格律を法則として捉えようとするならば（すべての人が「守るつもりがない約束をしてもよい」という格律に従って行動するならば）、約束するということ自体が成り立たなくなること、つまりこの格律は自分自身と矛盾し、普遍的な法則とはなり得ないことが判明するだろう、とカントはいう。このようにして「守るつもりがない約束をしてもよい」という格律は普遍的な法則となり得ず、したがって、「守るつもりがない約束をするべきではない」（嘘をつくべきではない）、という義務が存在することが判明した。このような議論により、「なにが義務に属するのか」という問いに対しては解答が与えられた。

　次に問題となるのは、どのような理由から義務に従うのか、という問題である。上記から、嘘をつくべきではない、という義務が存在することは理解できた。では、仮に、これまでの人生で一度も嘘をついたことがない人が

いたとしよう。このような人は、道徳的な人だろうか。通例、我々は、このような人を道徳的な人であると考えるだろう。しかし、「まだわからない」とカントは考える。この人は、「嘘をつかない方が長期的に見てほかの人に信用され、多くの利益を獲得できるから」といった打算的な意図から嘘をつかないのかもしれないし、この人は、生まれつき正直者という好ましい性分であるから嘘をつかないのかもしれない（おおむね、このような性分や本能、欲求のことをカントは傾向性という）。カントによれば、このような人は道徳的な義務を果たしているとはいえない。道徳的な義務とは別の理由から、たまたま義務に合致した行為を行っているにすぎないからである。道徳的な行為とは、あくまでも道徳法則が当該義務を命じるゆえに（道徳法則に対する尊敬のゆえに）、義務を果たす行為である。

　カントはなぜ傾向性からなされる行為を道徳的な義務から排除しようとするのか。それは、カントにとって、このような排除こそが道徳が可能となる唯一の方策であるからである。目的論的自然観を認めないカントにとって人間はまず、自然の一部であり、自然法則に従って動く存在である。すなわち、傾向性に従って動く存在である。このことは、人間にとって道徳が存在しないことを意味する。たとえば、私が手に持っているボールを手から離すとボールは自然法則に従って落下するであろうが、このことは（少なくとも今日の我々から見れば）道徳的には良くも悪くもないだろう。ボールにはなんらの意思も存在せず、道徳的な善悪を問うことが無意味であるからである。カントの考えでは、人間が傾向性といった自然法則に従って運動するにすぎないのであれば、人間はこのボールとなんら変わるところがなく、道徳に存立の余地はないこととなる。

　したがって、人間が自然法則（傾向性）から自由となることが、行為の道徳的な善し悪しを問うための前提である。しかし、いかにして人は自然法則からの自由を得ることができるのか。ここで、カントにルソーの自由論と共通の思想を読み取ることができる。ルソーは、欲求だけに動かされるのは奴隷の状態であり、みずから定めた法に服従するのが自由だと述べていた。カ

ントによれば、自然法則ではなく、みずからが定立し、みずからがそれに服することを決めた道徳法則に従うことによって人は自由になる。したがって、カントにとって自由とは、自律であることとなる。すなわち、人間は自然法則に従うことによって感性界といわれる世界に属すると同時に、道徳法則に従うことによって叡知界という世界に属することとなる。感性界に属する人間は、自然界に存在する物と変わらない。しかし、自然法則ではなく道徳法則に従うことによって人間は叡知界に属することができる。このような叡知界に属する存在であるゆえに人間には尊厳が認められるのである。

　したがって、カントによってアリストテレス以来の倫理学、古典的自然法論は根本的な転回を遂げることとなる。アリストテレス以来の倫理学にとって自然に従うことこそが十全な意味での善であった。カントにおいては、むしろ人間が自然から離れることによってはじめて善の存立可能性が生じる。カントにとって善は、自然と切り離され、理性によって発見された道徳法則に従うような意思の性質にほかならない。ここで、アリストテレスらとカントのあいだでは、自然という概念に根本的な相違が存在することが見落とされてはならない。アリストテレスらとカントのあいだに存在するのは、単に善、幸福、道徳という言葉の用法の相違にとどまるのではなく、自然観そしてそれに基づく人間観における根本的転換である。

・❹・
法と道徳

　続いて、カントの法思想を『人倫の形而上学』の「法論」の部分を参照することによって確認していこう。カントはあるべき法、正しい法のことを自然法と呼び、立法者によって恣意的に作り出された、時には正しく、時には間違っている法、すなわち実定法と区別する。しかし、研究者によってカントの自然法論はしばしば理性法論とも呼ばれてきた。カントの自然法論が、人間の自然本性の実現を命じるアリストテレス的自然法論と根本的に異なり、もっぱら理性によって見いだされるという性格を持つ以上、カントの議

論を指して理性法論と呼ぶ方が誤解を避けることができるだろう。

　「法論」において示されているカントの法思想については、従来から、様々な評価がなされてきた。最も有名であるのは、ドイツの哲学者であるアルトゥール・ショーペンハウアー（1788年 - 1860年）が『意思と表象としての世界』（1819年）において「法論」について述べた、「矛盾に満ちた、カントの老衰の産物にすぎない」という見方である。しかし、今日では、このような見方はほぼ克服されており、「法論」において示されている思想が研究対象として価値あるものである、ということは多くの研究者によって承認されている。むしろ、現在においては「法論」こそが法思想史においてもっとも研究者の関心を集めている対象であるとさえいえるかもしれない。

　しかし、このことは、「法論」について研究者のあいだで共有された理解が存在することを意味するわけではなく、とりわけ、カントの道徳思想と法思想になんらかの関係が存在するのかどうか、存在するとしたらそれはどのような関係か、という点をめぐって盛んな議論が行われている。この問題につき、本書はさしあたり以下のように捉えておこう。

　カントの道徳思想と法思想を貫く根本的概念は、自律としての自由である。すでに見たように、カントの道徳思想においては、自然（傾向性）に従わず、もっぱら自律により道徳法則に従うことによって人間は正しく生きることができるとされていた。いわば、傾向性は我々が自律を行うための障害である。しかし、自律のための障害は、傾向性のみではなく、私以外の他者も存在する。他者に恣意的に強制、干渉されることにより、私の自律は損なわれることとなる。それゆえ、自律が可能となるためには、傾向性がしりぞけられると同時に、他者による恣意的な強制も避けられなくてはならない。しかし、私がどのような行為を行ったとしても私に対するいかなる強制も許されない、というわけではないだろう。では、他者による私に対する強制はどのような場合に許され、どのような場合に許されないのか。この問題を取り扱うことがカントの「法論」の主題の一つである。

　ところで、カントの法思想について、法学を学ぶ者にとって最もよく知ら

れているものは、「道徳の内面性、法の外面性」、「法は強制できるが、道徳は強制できない」という表現によって代表される法と道徳の区別に関する議論であろう。以下では、まず、この点について確認していきたい。

　まず、カントは法と道徳の大きな相違点として、自由を挙げる。すでに見たように、道徳において自由とは自然法則（傾向性）からの自由であった。しかし、法における自由は、他者の強制から独立していることにほかならない。カントは、このような自由を唯一の、根源的な、誰にでも人間であるがゆえに帰属する権利であると主張する。もちろん、各人がこのような自由に基づいて行動するならば、互いの自由は衝突せざるを得ない。したがって、このような自由はほかの人間の自由と衝突しない限りで認められねばならない。このことを指して、「汝の自由が、すべての人の自由と普遍的な法則に従って両立し得るよう行為せよ」と法は命じる、とカントは説明する。すなわち、法の目的は人々のあいだの自由に調和をもたらすことにある。このような命令こそが法の法則であり、人々はこのような法の法則に従う義務を有する。このような義務に反し、他者の普的法則に従った自由を侵害するならば、それは不法である。

　さて、このように法も道徳も、いずれも法則に従う義務を命じる点においては変わりはない。たとえば「人の物を盗んではいけない」という義務は、法の法則によっても道徳法則によっても同様に命じられるだろう。しかし、このような義務を果たす動機は両者によって全く異なる。道徳法則の場合、法則に従う理由は、もっぱら道徳法則に対する尊敬によるものでなくてはならないことはすでに確認した。これに対して法の法則の場合、法則に従う理由は問われない。法は確かに行為が法則に合致することを求めるが、法においては、それが義務の理念から行われる必要はなく、たとえば法則に従うことによって賞賛されることを求めて、あるいは法則に違背することによって非難されることを恐れて法則に従ってもかまわない。法はただ、法則と行為が一致することを求めるにすぎない。カントはこのような行為と法則の単なる一致を適法性と名付け、法則に従うことそのものが行為の動機でもあるよ

うな行為と法則の一致、すなわち道徳性と対置する。すなわち、法の法則においては内面は問われないのである。

　続いて、法と強制可能性の関係について確認しよう。カントの立場からすれば、道徳を強制することは不可能である。カントにとって道徳の本質は、みずから作り出した法則にみずから従うこと、すなわち自律であった。このような自律を他者が強制することはあり得ない。

　これに対して、カントは法と強制の権能は同じことであるとまでいう。しかし、強制を行うということは、自由を侵害することであるはずである。なぜ法は強制を行うことができるのか。それは、強制が、普遍的法則に従った自由に対する妨害を阻むものであるからであり、その結果、強制は普遍的法則に従う自由と調和するのだ、とカントはいう。たとえば（他者の自由を侵害せずに）平穏に表現活動を行っている者に対して妨害をする場合を考えてみよう。このような妨害行為もまた自由であることは確かだが、このような自由は、普遍的法則に従った自由（表現活動を行う自由）を妨げる自由にほかならず、このような妨害行為を行う自由を妨げたとしても、普遍的法則に従う自由と矛盾することはない、むしろ普遍的法則に従った自由を妨げる自由を是正することが、法の本質なのである。

・❺・
自由の調和的両立はいかにして可能か

　続いて、カントの社会契約論（カント自身は根源的契約という言葉を用いる）を確認しよう。カントの根源的契約論の目的は、各人が有する自由が調和的に両立する道筋を示すことである。カントは、みずからの根源的契約論は、あくまでも理念を取り扱うものであって、このような契約は事実としては存在しないという（むしろ、事実はこのようなものではなかっただろうとさえいう）。カントもまた、自然状態（この状態において存在する法をカントは私法と呼ぶ）から出発する。カントによれば、自然状態において個々人は、誰もが自分にとって正しくかつ良いと思われることを行い、この点で他の人の意見に左右されな

いという固有の権利（自由）を有し、それゆえに人々は暴力行為に脅かされ
ると説く。このような議論は、一見したところホッブズの議論とよく似てい
る。しかし、カントの議論はホッブズの議論と大きく異なる。ホッブズは、
自分の欲求を満たし、生命を保存しようとする人間の自然本性が万人の万人
に対する闘争へと導き、それゆえに社会契約が締結されると説いていた。こ
れに対して、カントは、ここでもまた、人間の自然本性に関する議論をみず
からの議論に持ち込まない。カントによれば、人間がどんなに良い生き物で
あろうと争いは発生せざるを得ない。争いは、悪人同士のあいだで、あるい
は善人と悪人のあいだでのみ生じるわけではない。善人同士であったとして
も、争いは必然的に発生し得る。それはなぜか。

　カントの想定する自然状態における財のありかたは、ロックと同様に共有
である（このことを指してカントは根源的共有という言葉を使う）。カントもロック
も、この世界に存在する財は、まず、すべての人に共有されていると考え
た。では、これらの財はいかにして各人の財となり得るのか。ロックは、労
働を通じて各人は（ほかの共有者の同意を得ずに）財（たとえば土地）をみずから
のものとすることができる、と主張した。これに対してカントは、自然状態
において人々が取得する財産は、暫定的なものにすぎない（このことを指して
「暫定的に法的な占有」といわれる）という。それは、各人が単に主観的に正しい
と思う仕方で財産を取得しているにすぎないからである。カントにとって
は、（ロックと異なり）労働によって所有権が確定的に確保されるわけではな
い。ロックの想定する自然状態においては、いわば不心得者たちによって
人々の権利が侵害されることが問題であると想定されていたのに対し、カン
トにおいては、悪人による善人に対する権利侵害が問題とされているわけで
はない。カントの考えでは、自然状態における暫定的な取得は、ほかの人々
の財産を侵害していないとはいえないからである。ある一つの財産について
複数の人間が（決して悪意からではなく）取得を主張することもあり得るのであ
り、自然状態においてはこのような争いは暴力によってしか解決され得ない。

　このような自然状態から抜け出て、自分が取得した（と自分は考えている

が、他者から見れば必ずしもそうではない）物が、あらためてほかの人々によって
も認められるような契約、そして争いが生じた際、法的に有効な宣告を下す
存在を生み出す契約こそが根源的契約である。このようにして、財産の取得
が法を執行する権力によって保証される状態をカントは法的状態や市民状態
と呼ぶ（そしてこの状態において存在する法を公法と呼ぶ）。

　カントの議論の特徴は、このような根源的契約を締結することを義務とし
て扱うことである。自然状態においては、自分が取得した（と自分は考えてい
るが、他者から見れば必ずしもそうではない）物を守るために、各人相互に攻撃が
行われ得るし、そしてこのような攻撃が相互に認められている以上、このよ
うな攻撃は一切、不法ではない。しかし、このような攻撃が不法ではないと
しても、このような攻撃が行われる暴力の状態（自然状態）にとどまること
は不法の極みである。それゆえ、人々は互いに法的な状態（市民状態）に加
入する義務があり、また、加入を強制し合うこともできるのである。

　根源的契約を経て成立する国家の形式もまた、自由の調和的両立という理
念に従わなくてはならないとカントは考える。カントは、根源的契約の理念
に基づいて成立した政治体制（そこでは、立法、行政、司法の三権が分立し、立法
は根源的契約を通じて統合された人民に属するとされ、また、このような根源的契約を経
て成立した国家の成員は国民と呼ばれ、このような国民は投票を通じて立法に関与する）
を純粋共和制と呼び、このような体制においてのみ各人に各人の物が確定的
に配分されるのであり、自由の調和的両立を達成するために、人間はこのよ
うな政治体制を目指す義務があると論ずる。カントは、国家に対する抵抗権
を否認したことでも知られるが、この抵抗権否認論もまた、ここまで述べて
きたような議論の裏返し、つまり法的状態への加入義務の裏返しと捉えるこ
とができるだろう。暴力によって国家転覆を謀ることは、このような義務に
反するからである。

　ところで、純粋共和制が達成されたとしても、そこでカントの目標が終了
するわけではない。ホッブズがそう考えていたのと同様に、カントにとって
も諸国家同士の関係は自然状態にある。ここでカントは、ここまで確認して

きた国家法に引き続く公法の第二の領域として国際法について論じる。カントは、ホッブズと異なり、このような国際関係における自然状態もまた市民状態へと移行する必要がある、すなわち、紛争解決の手段としての戦争は違法化されなければならないと考えた。それゆえ、カントは、国家連合こそが、最も正しい国家間の関係であるという。

さらに、カントは公法の第三の領域として（おそらくは当時における欧州列強国による植民地政策を念頭に置いて）、世界市民法を挙げる。ここでは、人々に「ほかの人民の支配地域で友好的に振る舞う限りで敵として扱われない権利」が存在することが論じられる。逆にいえば、ほかの国に定住する権利や、ましてや植民する権利は認められないのである。

・6・
目的論の再導入

さて、ここまで理性法論を中心にカントの思想を見てきた。しかし、カント哲学の法思想史上の意義を、このような理性法論に還元し尽くすことはできないと考えられる。

人類における永遠平和を確立するための具体的方策について論じた『永遠平和のために』に代表されるカントの歴史哲学と呼ばれる著作は、カントの理性法論と単純に地続きの議論であるとはおそらくいえない。たとえば、平和が実現されるためには共和制諸国家からなる国家連合が必要であるとするような、『永遠平和のために』において述べられている結論そのものは、「法論」における結論と大きくは異ならないものである。しかし、そこで行われている議論は、「法論」の性格とは大きく違うものであり、『永遠平和のために』においては、たとえば永遠平和が実現されるためには国家は共和制でなければならないといい、その理由として「臣民が国民であるような共和制においては開戦のためには国民の同意を得る必要があるため、国民は戦争がみずからにもたらす災厄を考慮するから、戦争は抑制されるだろう」という有名な（しかし、異論も多い）議論が行われている。みずからにもたらされる災

厄の多寡、すなわち各人の幸福を考慮するこのような議論は、カントの理性
法論にふさわしくない議論であるとしばしば指摘されてきた。しかし、そも
そも、歴史哲学という領域で行われているようなカントの議論は、理性法論
とは直接につながってはいない議論なのだろう。むしろ、ここで行われてい
る議論は、理性法論の検討から生じた結論（国家が共和制の形を取らねばなら
ず、また、共和制諸国家による国家連合が形成されるべきこと）が実現可能であるこ
とを示そうとする議論であるように思われる。カントは、『永遠平和のため
に』の様々な箇所で、歴史的発展の道しるべとして、（理性法論においては排除
されているはずの）自然の目的という概念を導入し、自然が永遠平和へと導く
のだ、と論じている。すなわち、ここでカントは、（たとえば、みずからに対す
る災厄を避けたいと考えるような）傾向性を有するという人間の自然本性が永遠
平和を（確実にとはいわないまでも）実現させると述べているのである。このよ
うにカントの議論を見るならば、しばしばカントの批判者たちが述べてきた
ように、「カントは一方的に理性の高みから現実を裁断したにすぎない」と
評価することは不適切であることとなるだろう。確かに、カントは理性の高
みから現実を評価する。しかしながら、カントは同時に理性から導かれる結
論が実現可能であることをも示そうとしたのである。

・ ❼ ・
理性の公的な利用

　最後に、「啓蒙とはなにか」という短い論文を紹介しよう。一般にカント
は啓蒙主義の哲学者といわれる。啓蒙という言葉は、蒙を啓くという意味で
あり、日本では、愚かな民衆を知識人が教え導くという意味で理解されがち
である。しかし、カントは、啓蒙という言葉を、他人の指示を仰がなければ
自分の理性を使うことができない未成年状態から抜け出すことという意味で
用いる。したがって啓蒙のスローガンは、「自分の理性を使う勇気を持て」
というものとなる。しかし、カントによれば、人間は未成年状態にいる方が
楽なので、自分で理性を行使することなど考えもしない。したがって、個人

が独力で未成年状態を抜け出るのは決して容易ではない。しかし、公衆がみ
ずからを啓蒙することは可能である。というのは、公衆に自由を与えさせす
れば、公衆の中には、常に自分で考える人が存在するので、この人たちは、
誰にでもみずから考えるという使命が存在するという信念を周囲に広めてく
れるからである。したがってカントは、自由、つまり表現の自由を啓蒙に
とって不可欠であるとする。しかし、カントはこのような表現の自由の行使
を「理性の公的な利用」と「理性の私的な利用」に区別する。後者は、市民
としてまたは官職についている者として理性を行使することである。このよ
うな立場において理性の行使が制約されるのは、しばしば、人為的に意見を
一致させることによって、公共の目的を促進することが必要となるからであ
る。この場合は、議論することは許されず、ただ服従するしかない。たとえ
ば、ある将校が上官に命令されて任務に就きながらその命令の適否について
あからさまに議論することは許されない。また、市民は課税された税金を拒
むことはできず、こうした課税について非難することは許されない。これに
対し、理性の公的な利用とは、「ある人が学者として、読者であるすべての
公衆の前で、みずからの理性を行使すること」である。ここでいう学者とは
職業研究者のことを指すわけではなく、国民の一員であること、あるいは世
界という市民社会の一人の市民であることを指す。先ほど挙げた例でいえ
ば、将校が学者として戦時の軍務の失策を指摘しこれを公衆に発表すること
や、市民が課税の不適切さや不公正さを学者として指摘し、その考えを公表
することは理性の公的利用にあたる。このような理性の公的利用は、害のな
いものであるし、制限されるべきでもないとカントはいう。ここでカントが
行っている議論は、国家＝公的、私人＝私的というイメージを前提とすると
理解しにくい。むしろ、カントは読書する公衆という存在があることを前提
として、彼らに語りかけることを公的と理解しているのである。こういった
公的という言葉のイメージは、20世紀以降において、ユルゲン・ハーバーマ
ス（1929年 -）らによって説かれた「市民的公共性」、「（市場や国家と区別された
領域としての）市民社会」という概念の母体となっていくのである。

11

G・W・F・ヘーゲル

　G・W・F・ヘーゲルは近代国家の理論的な正当化を行った論者として知られる。彼は、一方では個人の独立性を、他方では国家の主権性を強調しつつ、両者は決して対立関係にあるのではなく、調和的に一致すると説くことにより、このことを成し遂げた。その際、重要であるのは、近代的国家の完成の道筋を、自由な意思が、様々な障害に出会いつつも、このような障害を克服し、みずからを展開していく過程としてヘーゲルが描いていることである。それは同時に、これまで本書が取り扱ってきた様々な論者（アリストテレスやロック、ルソー、カント等）の議論をヘーゲルが受け止めた上で、これらの哲学を統合する過程としても理解できるだろう。

・**1**・
生涯と著作

　ゲオルグ・ヴィルヘルム・フリードリヒ・ヘーゲルは、1770年、南ドイツのシュトゥットガルト市エーベルハルト街53番地で生まれた。父は主税局で書記官を務めていた。教育に熱心な母はヘーゲルを３歳でドイツ語学校に、５歳でラテン語学校に、７歳でギムナジウムに通わせた。なお、13歳の時にヘーゲルは母を失っている。ギムナジウム在学中、ヘーゲルは非常に多分野の本を読みあさっていたようであり、ヘーゲルに終生にわたって影響を与え続けたギリシアに対する憧れも、この時期に培われたようである。ギムナジウム卒業後、18歳の時にヘーゲルはチュービンゲン大学に付属する神学校に入学する。ここでヘーゲルは最初の２年間に哲学を、その後の３年間に神学を学んだ。この神学校時代にヘーゲルは、後に高名な哲学者になるフリードリヒ・シェリング（1775年 - 1854年）や、ロマン主義に大きな影響を与えた詩

人となるフリードリヒ・ヘルダーリン（1770年 – 1843年）と親交を結ぶ。彼ら
との親交や、ルソーに極めて強い影響を受けたヘーゲルの当時の政治的傾向
を表すものとして、1792年に、フランス革命を祝って、ともにチュービンゲ
ン郊外に「自由の樹」を植えたというエピソードがよく知られている。当時
のヘーゲルにおいては、フランス革命がルソーの理念を実現するものとして
受け止められていたのである。

　1793年の神学校卒業後、ヘーゲルはまずベルンにて家庭教師として生計を
立てることとなる。この時期の著作（いずれも草稿にとどまる）としては、ル
ソーの強い影響を受け、ギリシアのポリスを自由な人間の共同体的結合とし
て描き出し、これに対してキリスト教以後を堕落の過程として描く「民俗宗
教とキリスト教」（1793年 – 1794年頃執筆）や、カントに強い影響を受け、イエ
ス・キリストを自律的な道徳を説く人物として描き、制度化されたキリスト
教が持つ権威的性格（「実定性」）を批判する「イエスの生涯」（1795年頃執筆）
や「キリスト教の実定性」（1795年 – 1796年頃執筆）といった神学論文がある。

　その後、ヘーゲルは1797年のはじめ、再会したヘルダーリンの紹介を受け
てフランクフルトでの家庭教師生活を始める。1799年に父を失い、遺産相続
をしたヘーゲルは家庭教師の職を離れて 2 年間あまり、哲学研究に専念す
る。この時期のヘーゲルは、おそらくヘルダーリンの強い影響を受けてお
り、自他が融合する共同体を称揚するロマン主義的な発想に近づいている。
このような発想に基づいて執筆されたのが、キリストが説いたのは道徳的義
務と傾向性の対立の融和であり、人々のあいだにおける愛の融和であると説
き、カント哲学を越え、ヘーゲル独自の哲学を明らかにしつつある「キリス
ト教の精神とその運命」（1797年 – 1799年頃執筆）である。このようなカント哲
学に対する離反は、フランス革命（とりわけマクシミリアン・ロベスピエールに
よって指導されたジャコバン派の独裁政治）に対する批判ともおそらくある程度は
平行関係にあり、一方においてヘーゲルは『カル親書訳』（1798年）や「ヴュ
ルテンベルクの最近の内情について」（1798年頃執筆）において、当時として
はかなり急進的な民主主義的な政治思想を示してはいるが、他方では「ドイ

ツはもはや国家ではない」という有名な一文から始まることで知られる「ド
イツ国制論」（1799年 - 1803年頃執筆）においては、皇帝が国家を代表し、身分
制に基づく代議政体を目指すべき国制構想として提示している。ここでヘー
ゲルは、理想と現実を対置し、前者によって後者を裁断するフランス革命の
ように、共和政体という理想を即座に実現することを目標とするのではな
く、現実それ自体と理想との融和を求め始めているのである。また、『法哲
学綱要』の市民社会論として結実することとなるアダム・スミス（1723年
- 1790年）等の経済学に関する研究を始めたのもこの頃である。

　1801年、イエナ大学の員外教授に就任していたシェリングの紹介でイエナ
大学の私講師に就いた（1805年から員外教授）ヘーゲルは、『フィヒテとシェリ
ングの哲学体系の差異』（1801年）を公刊し、カントやカントに大きな影響を
受けたヨハン・ゴットリープ・フィヒテ（1762年 - 1814年）に対して、自然と
精神を同一のものと取り扱うシェリングの同一哲学を評価する。ヘーゲルと
シェリングは共同で『哲学批判雑誌』（当雑誌に掲載されたもののなかで、法思想
史にとって重要であるのは『自然法の学的な取り扱いについて』（1802年 - 1803年）であ
る）を編集する等、当初は蜜月の関係にあったが、次第にヘーゲルの哲学が
同一哲学には収まりきらないことが明らかとなっていき、『精神現象学』
（1807年）においてヘーゲルはシェリング哲学からの離反を明らかとする。

　ヘーゲルのアカデミック・キャリアはナポレオン・ボナパルトのドイツ侵
略にともなうイエナ大学の閉鎖により一時中断する。たまたまナポレオンを
目撃したヘーゲルが「世界精神が馬に乗って通る」と書き記したのもこの頃
である。大学閉鎖後のヘーゲルは、まずバンベルグの新聞記者として、つい
でニュルンベルクのギムナジウム校長として生計を立てることとなる。その
後、ヘーゲルは1816年にハイデルベルグ大学教授に、1818年にベルリン大学
教授に就任する。両大学にてヘーゲルは（年によって名称はいくらか異なるが）
「法哲学」に関する講義を計7回行っており、この講義のための手引き書と
して公刊されたのが『法哲学綱要あるいは自然法と国家学概要』（1821年）で
ある。かつてはプロイセン政府を正当化する御用哲学の著作と取り扱われる

 こともあったこの『法哲学綱要』につき、近年の研究が強調しているのは、その出版状況である。当時のドイツにおいては、自由と統一を目指す愛国主義的な学生運動団体であるブルエンシャフト熱が高まっていた。1819年3月、ブルエンシャフトの急進派であるカール・ザントによって、ロシアのスパイと疑われた作家コッツェブー殺害事件が生じる。この事件を契機として学生の結社は禁止され、大学教師も政府の監視下に入り、出版の検閲も行われることとなる。教え子たちも逮捕される等といった形でヘーゲルもこのような流れに巻き込まれている（ヘーゲル自身はブルエンシャフトにある程度同情的であり、逮捕された学生のために保釈の嘆願書等を執筆している）。研究者のあいだでも見解は分かれているが、近年の研究はしばしば、『法哲学綱要』は、あくまでもこのような検閲がなされている政治的情勢下の中で出版されたのであり、実際にヘーゲル自身が意図していたよりも政府寄りに執筆されていたのではないか、と説いている。

　むしろ、近年の研究が重視しているのは、学生によって書き留められたヘーゲルの法哲学講義の筆記録である。『法哲学綱要』は本文と注解からなるが、ヘーゲルの没後、最初の（いわゆるベルリン版）ヘーゲル全集が刊行された際、『法哲学綱要』を編集したヘーゲルの弟子であるエドゥアルト・ガンス（1797年‐1839年）は、ヘーゲルによる講義の筆記録の一部をテクストに追加した。邦訳において「補遺」や「追加」と呼ばれるものがそれに当たる。本文と注解に、ガンスが選んだ補遺（追加）を加えるスタイルは、その後のテクストにおいても踏襲されている。しかし、1970年代から、様々な編者により、受講者の筆記録を元にしたヘーゲル法哲学講義録の公刊が行われてきた。これらの公刊によって「補遺」や「追加」は、あくまでもガンスが（かなり恣意的に）筆記録から選び出したものにすぎないことがあらためてヘーゲル研究における共通了解となった。それゆえ、現在では、『法哲学綱要』と筆記録との区別が強く自覚された上で、後者によって前者を補う研究が進められている。

　ベルリン大学にてヘーゲルは1829年に総長を務めたり、多くの弟子を育成

しヘーゲル学派を形成したり、「法哲学」のほかにも多くの講義を行う等の精力的な活動を行った。このような講義の中でもとりわけ有名なのは、世界史に見られる様々な民族の精神は一つの世界精神が発展する諸段階を示していると説く「歴史哲学」講義であろう。ヘーゲルは、1831年、自宅にてベルリン市内で流行していたコレラで亡くなった。

・❷・
自由な意思の自己展開としての法

　ヘーゲルによれば、法の出発点は自由な意思であり、ヘーゲル法哲学の目的はこのような自由な意思の自己実現、自己展開を描き出すことにあるとされる。このような議論を行うにあたり、すでに確認してきたように、ヘーゲルは多くの哲学者の議論を批判的に摂取してきた。ここでは、ルソーとカントに絞って確認していこう。

　まず、ルソーについて確認しよう。すでに確認したように、初期ヘーゲルは、ルソー的な民主主義を、あるいはルソーもまた賛美する古代ギリシア世界を理想としていた。すなわち、ギリシア人たちが、強い公共心を持ち、政治に参加することをみずからの人生の目的であると考えていたことを高く評価した。後にも説明するように、強い公共心を持つことはヘーゲルの想定する自由の概念にとって決定的な契機であり、このような意味で、古代ギリシア人は自由であった。このような古代ギリシア人に対する高い評価は、終生、ヘーゲルにおいて変わるものではなかった。しかし、それでも、ヘーゲルの考えでは、古代ギリシア人の思想は、十分なものではなかった。それは、古代ギリシア人が、自身が自由であるということを十分に意識していなかったからである。彼らにとって政治への参加は、慣習に基づいたものであり、自然なものであった。ヘーゲルの想定する自由において、確かに公共のために活動することは極めて重要であるのだが、しかし、このような活動が無意識的なものにとどまるならば、真に自由な活動とはいえない。ヘーゲルにとって重要であるのは、個人が「公共のために活動すること」の意義を十

分に自覚した上で、このような活動を行うことである。このような自覚を得
るためには、自由な意思は（公共を解体する）市民社会を経て、あらためて国
家や公共の意義を理解し直す必要がある。このようなプロセスを経ているゆ
えに、現代人は古代人よりもより自由な存在である。

　続いてカントとの関係について確認しよう。ヘーゲルが内面の自律を重視
するカントを哲学における決定的な貢献として理解していたことは疑いな
い。このこともまた、終生に渡ってヘーゲル哲学の前提であり続けた。カン
トと同様に、ヘーゲルにとってももはや自然は人間の正しい生き方の道しる
べとはならない。ヘーゲルは、みずからの議論は自然法論ではなく、哲学的
法学と呼ばれるべきだとする。あくまでもヘーゲルにとって正しい法は、自
然に由来するものではなく、人間の思想あるいは理性に由来するものであ
る。その点において古典的自然法論とヘーゲルは（たとえばアリストテレスと
ヘーゲルのあいだに、結果としていくつかの点において共通点が見られるとしても）根
本的に断絶した関係にある。

　しかし、それにもかかわらず、ヘーゲルは、カント哲学にとどまるわけで
はない。すでに確認したように、カント哲学は、人間の世界を二つの世界、
すなわち、自然法則に従う感性界と道徳法則に従う叡知界に区分し、人間は
後者に属することにより道徳的存在となり得ることを示した。ヘーゲルによ
れば、このようなカント哲学の欠点は、我々が生きるこの現実が、単なる偶
然的なもの、非理性的なものとして取り扱われ、単に頭の中で考えられたに
すぎない原理によって一方的に裁断されるにすぎないものとして捉えられて
いる点にあった（とはいえ、このようなカント理解が十分に適切なものであるかは疑
わしい。確かに、カントの道徳論においては叡智界と感性界の二つの世界（人間観）が明
確に区分されており、この点を取るならば、ヘーゲルの議論も理解できる。しかしなが
ら、すでに見たように、カントは他方で、自然の目的について論じており、カント哲学全
体を見るならば、理性の世界と現実が架橋されずに区分されているとは必ずしもいいがた
い）。

　このようなカント哲学に対し、ヘーゲルは、理性は現実の外に存在するの

ではなく、現実に内在し、作用していると考える。ヘーゲルの眼目はいわば、カントにおいて分断されている（と少なくともヘーゲルには見えた）理性の世界と現実の世界を、現実を動かしている本質的なものを認識することによって和解させることにある。「理性的なものは現実的なものであり、現実的なものは理性的なものである」という『法哲学綱要』における有名な一節が意味しているのはこのような事態である。それゆえ、このような表現を、（かつてしばしばそのように理解されたように）現実の政治体制（たとえば当時のプロイセン国家）をありのまま肯定するものとして受け止める必要はない（現実のなかには、非本質的なものも存在する）。

　では、具体的に理性は現実においてどのように作用しているのか。このことをヘーゲルは自由な意思の自己実現、自己展開として描き出す。ヘーゲルにとって自由とは具体的にはなにか。カントと同様に、ヘーゲルもまた、もっぱら欲求（おおむね、カントのいう傾向性にあたる）に従うことを自由とは捉えない。しかし、ヘーゲルとカントの大きな相違は、カントが欲求を道徳の世界から完全に追放しようとするのに対し、ヘーゲルが良い欲求と悪い欲求を区別し、良い欲求を選択することを自由と捉えている点にある。たとえば嫉妬心や暴力衝動のようなものは、悪い欲求（非理性的な欲求）であり、しりぞけられなければならないが、良い欲求（理性的な欲求）も存在する。自由な意思は教養を通じて、良い欲求（たとえば名誉欲）と悪い欲求とを見定めるのである。そして、良い欲求に従おうとするこのような自由な意思は政治的・社会的制度（これが道徳とは区別された人倫である）の中で、換言すれば他者との関わり合いの中で自己実現、自己展開をしていくこととなる。ヘーゲルの考えでは、人間は一方では共同体に埋没しない一個の存在（特殊）であると同時に、他方では共同体（普遍）の一員でもある。このように考えるヘーゲルの自由における決定的な契機の一つは、人間の特殊という性質を決して失うことなくして（たとえば、プラトンの考える理想国は、人間の特殊性を認めない点で問題がある）、より大きな共同体の一員でありたい、という極めて高尚な欲求を満たすことである。以下ではその過程を確認していくこととしよう。

・**3**・
抽象的な法と道徳

　ヘーゲルによれば、自由な意思は、具体的には（1）抽象的な法、（2）
道徳、（3）人倫といった諸段階を経て発展する。しかし、自由な意思の発
展は決して順風満帆なものではなく、何度も挫折に直面することとなる。し
かし、このような挫折はみずからの自由を反省する重要な契機となり、この
ような挫折を乗り越える（けっしてかつての自由のあり方を全面的に否定することな
く）ことにより、自由な意思はより高い次元に到達することとなる。これが
弁証法である。

　抽象的な法では、人間の外部との関係が説かれる。ヘーゲルの出発点は、
他者となんらの関わり合いも持たずに、ただ自分を自由であると考える意思
であり、このような意思の主体をヘーゲルは人格と呼ぶ。人格は（自身の内
面ではなく）外界に対して自由を求める。なお、ヘーゲルはこのような人格
のさしあたってのモデルをローマ法に求めているが、すべての人間を対等な
人格として扱い、奴隷制や貴族制を認めない点においてこのような人格は
ローマ法とは異なる。このような自由を求める人格が具体的な形を取るため
には、自身の目の前に存在する自然を自分のものとしなければならず、自身
の外にある物件を所有することとなる。ついで、人格は、契約において、ほ
かの人格と共同の意思を有することとなる。しかし、契約を行う人格の意思
はあくまでも特殊的な意思（自身の私的利害を追求する意思）にとどまり、そし
て、契約は人格相互の単なる特殊的意思の共通性の上に成立しているものに
すぎず（みずからの私的利益を追求する人格の意思が偶然的に合致したものにすぎ
ず）、このような特殊的意思が共同の意思と合致せずにそのまま現れること
がある。これが法と特殊的意思が衝突する不法であり、このような不法とし
ては（1）各人格がそれぞれ自分が正しいと思う根拠に基づいてみずからの
権利を主張することにより紛争が発生する「無邪気な不法」、（2）共同の意
思が単に表面的にとどまる「詐欺」、（3）相手方の人格の権利をあからさま

に否定する「犯罪」があり、このような不法において抽象的な法の限界が明らかとなる。ヘーゲルが国家の成立を社会契約によって説明する議論を断固としてしりぞけるのもこのような契約の性格ゆえであり、社会契約論は、結局のところ、国家を十全に普遍として把握できず、ホッブズやロックのような社会契約論者にとっての国家はせいぜいのところ、特殊（個人的欲求の追求）を保護するために有用なものにとどまらざるを得ないのである。

　続いて取り扱われる道徳では、自由な意思は内面に自由を求める。ここで取り扱われるのはカント的道徳である自律の思想である。確かにヘーゲルは自由の発展において、自律によって自由を獲得しようというカント思想の意義を高く評価する。しかし、自律の思想は、特殊を全面的に否定し、もっぱら義務という観点から道徳法則に従うことを要求する、いかなる内容も欠いた空虚な形式主義にすぎず、ここに道徳の限界が明らかとなる。

　このように抽象的な法と道徳の一面性を批判した後、ヘーゲルは両者の欠陥を克服しつつ、統合する立場として人倫の重要性を説くこととなる。

・❹・
人　倫

　さて、「抽象的な法」、「道徳」に続いて現れる自由の高次の段階が「人倫」である。ヘーゲルは、「人倫」において家族、市民社会、国家の順に説明していく。まずは家族から見ていこう。

（1）家　族

　よく知られているように、ヘーゲルは家族を愛によって結び付いた共同体として捉える。ヘーゲルは家族を人倫の第一の基盤であると説明する。家族という一体性（すなわち普遍）において個々の人格は独立した人格ではなく、構成員として存在する。それは、男女という双方の人格がお互いの人格の中にみずからの人格の承認を見いだすからである。このような議論の特徴は、

家族関係、とりわけ婚姻関係を契約関係としては説明しない点にある。たとえばカントにおいて婚姻は、個人が性的衝動を相互に満足させるための契約にすぎない。しかし、ヘーゲルの考えでは、婚姻を契約として捉えることは不適切である。すでに確認したように、契約は（たしかにほかの人格と共同の意思を作り出す契機ではあるが）結局のところ、当事者がそれぞれ一個の人格であることを前提として、私的な欲求を満たすものにすぎないが、婚姻は、それぞれの人格を放棄し、一個の人格となるという同意である。このような婚姻を通じて人は、性的衝動のような自然的欲求に従うのではなく、婚姻によって得られる共同性や愛、信頼といった、より価値のあるものを認識するのである。それゆえに、意思は婚姻において自由のより高い段階を見いだすことができるとヘーゲルは説く。

　さて、このように婚姻を一個の人格となろうとする男女の合意として捉える以上、婚姻によって形成された新家族は、それぞれが由来する両家系あるいは両家（これらは自然的な血縁関係に基づいている）に対して独立したものであるということとなる。妻は父と母を捨てて夫の元に行き、そこで新しい関係を築くのである。

　さて、家族においては子が教育を受け、成年に達したならば、この子は法的人格と認められ、自分自身の家族を持つ資格があると認められることとなる。この子は財産を所有し、そして自活することとなる。この子が新しい家族を持つならば、この子は新しい家族においてみずからの使命を持ち、自分を育ててくれた家族は縁遠いものとなる。これが家族の倫理的解体である。もともと一体であった家族はこのようにして多数の家族に分かれていき、そしてそれぞれの家族は、相互に独立の人格として振る舞う。このようにして、自由な意思が家族において見いだした一体性は挫折を余儀なくされる。このようにして出現するのが市民社会である。

____（2）市民社会

　ヘーゲルの考える市民社会における重要な契機は、a. 欲求の体系、b. 司法活動、c. 福祉行政と同業団体である。市民社会において、自由な意思（人格）はまず、欲求のかたまりであって、このような人格にとって他者はみずからの欲求を実現させるための手段として存在する。家族において、人格が普遍の中に溶け合っていたとするならば、市民社会においては人格における特殊的側面が全面的に開花しているといえる。しかし、市民社会において普遍が存在しないわけではない。それは、市民社会が、それぞれの意思の持つ欲求が他者の欲求と絡み合う全面的な相互依存の体系（欲求の体系）であるからである。ヘーゲルの考えでは、各人はまず、労働を通じて自然を加工することによりみずからの欲求を満たそうとする。このような生産活動を効率的に行うために、まず分業が行われるのだが、さらに重要なのは、労働を通じて各人が相互依存関係にあることである。すなわち、各人が、みずからの欲求を満たそうという主観的利己心に基づいて生産活動を行うことが、市場の論理によって同時に各人の利己心をも満たす結果となる、つまり各人がみずからの私益を追求することが、ほかの人々の役に立つ（公益が達成される）ということである（ここでは、投資家があくまでも自身の安全と利益だけを求めようとする結果、「見えざる手」により国民の総所得が増大するという具合に私益を追求することによって、公益が達成されるとするアダム・スミスの議論が活かされている）。

　このような市民社会においては、各人格が欲求を満たそうとすることによって人格相互の欲求が満足されることとなる。しかし、欲求の体系において実現される普遍は、あくまでも外的なもの（表面的なもの）にすぎないとヘーゲルはいう。各人格は結局のところ、みずからの私益を追求しているにすぎず、結果として公益が実現しているにすぎないからである。このような市民社会においては放埒や貧困が現れることとなる。とりわけ貧困は、自尊心を奪い取られた賤民をもたらすという深刻な問題を引き起こす。市民社会

が有するこのような問題点に対応し、それぞれなんらかの形で普遍を達成しようと試みるのが司法、福祉行政、同業団体である。

　まず、司法は、自分の所有物を保護してほしい、という各人格が有する欲求に対応するために出現し、司法はこのような所有の保護を通じて秩序を維持するという形で普遍を実現する。

　福祉行政と同業団体は、ともに個々人の生計と福祉の保証を目的とするものである。このうち、福祉行政は公的権力によって、同業団体は市民の直接的活動によってこのような目的の実現を図る点で異なる。まず、福祉行政が行うべき事業としては、生産者と消費者の利益の調整や、価格規制、品質管理、街路照明のような公共事業、教育の権利と義務の保証、禁治産者の保護等が挙げられる。しかし、このような福祉行政は、あくまでも国家という外からの秩序や施策を通じて個々人の生計と福祉を保証するにとどまっており、自由な意思が特殊と普遍を兼ね備えるという意味でむしろ重要なのは、特殊に内在する普遍を実現する同業団体である。

　まず、ヘーゲルの身分論について確認しておこう。ヘーゲルによれば、各人はなんらかの身分に属すことによって、普遍に接合されることとなる。身分は大きく三つに分けられ、第一は、「自分が耕す土地の自然的産物をおのれの資産とする」実体的身分、つまり農民であり、第二は、「自然的産物を形成することをおのれの仕事とする」反省的身分、つまり商工業身分であり、第三は「社会状態の普遍的利益をおのれの仕事とする」普遍的身分、つまり公務員、官僚である。同業団体ということで想定されているのは、商工業身分の集まりであるが、すでに見たように市民社会における労働は、基本的には利己的なもの（特殊）として行われ、普遍への意識的な接合は極めて困難である。しかし、労働組織が、その性質に従って同輩関係としての組合という形を取る（これが同業団体である）ことにより、利己的な目的が同時に普遍的な目的であることが意識されることとなる。つまり、各人は利己的な目的を追求するのだが、同類の職業を営んでいる者達のあいだには共通の利害が存在し、その利害は個人の利害と重なるため、各人は同業団体の活動に

関心を持つこととなる。すなわち、同業団体に属している人々にとっては利己的な目的が同時に普遍的なものとして自覚されるようになるのである。さらに、このような団体に属していると他者から承認されることにより、各人には職業身分への誇りが生まれ、一方では奢侈、浪費癖が抑制され、他方では貧困のゆえの援助も不当に屈辱的なものと感じられなくなり自尊心が確保されるようになる。このような同業団体をヘーゲルは、家族に引き続く人倫の第二の基盤であるという。

　このように同業団体は、市民社会において私欲を追求する人格（特殊）がみずから自覚的に公的な利益（普遍）を実現したいという高次の欲求を追求するようになるという点において、すなわち自由を実現するために決定的な契機である。この点において、中間団体に否定的な態度を取ったルソーとヘーゲルは大きく異なる（ただし、ヘーゲルによれば同業団体がこのような役割を果たすために、閉鎖的な中世的同業団体は、国家の監督の下、開放的な組織に改良されねばならないとされる）。しかし、このように同業団体が個人にとって普遍であるとしても、商工業上のつながりである以上、それはあくまでも当該同業団体にとっての私的利益を追求するものにすぎないという大きな限界を有する。それゆえにこのような限界を克服するため自由の追求は国家の登場へ向かわざるを得ない。

（3）国　家

　ヘーゲルの人倫論は国家において完成する。たしかに、すでに市民社会において司法活動や福祉行政の主体として国家は出現していた。しかし、市民社会で現出するような国家は、各人が有する所有や生計等の私的利益（特殊）をより確実に保護するために存在するものにすぎない。ヘーゲルはこのような国家を悟性国家や外形的国家と呼び、いまだ不十分なものとして扱う。

　ヘーゲルの国家論を確認するためには、ヘーゲルが論じる国家が大きく二つに分けられることを指摘しておくことがよいだろう。一つは、理念として

の国家であり、もう一つは、この理念を現実のものにするための契機としての国家である。

　理念としての国家につき、ヘーゲルは「人倫的理念の現実態」や「公共体」という言葉で説明する。このような言葉でヘーゲルが意味しているのは、国家が自由な意思の自己実現を完成したものであるということである。すなわち、人格が共同体的統一に埋没した家族から出発し、人格による私的利益の追求が跋扈する市民社会を経て、国家において人格と共同体のいずれもが尊重される状態が到来するのである。

　ヘーゲルの見解では、たとえば一方では古典古代の国家は特殊（個人の利益）を普遍（公の利益）に埋没させるものにすぎず、他方、国家を契約によって基礎付け、国家の存在意義は特殊（個人の利益）を実現することにあるのだとするホッブズやロックの議論においては特殊は解放されていたが、普遍は十全に達成されず、国家はせいぜい特殊を守るための普遍（外的普遍）にとどまっていた。これに対し、ヘーゲルの想定する理念としての国家は、特殊と普遍が完全に相互浸透し、特殊的目的の追求が完全に普遍的目的の追求と合致することとなる。

　では、このような理念はいかなる契機によって現実的なものとなるのか。ヘーゲルは、理念を現実化させるような、このような意味での国家を「有機的組織としての個体的国家」や「国制」、「国内国法」という言葉で表す。

　理念としての国家を実現させる国制としてヘーゲルが想定しているのは、国家権力を立法権、統治権、君主権に区分する（しかし、同時にこれらの権力は有機的一体をなしているとも説かれている）立憲君主制である。

　まず、君主は、国家を目に見える形で一つにまとめ上げ、最終的な決断を果たす役割以外の役割を有していない。実際に君主が果たす職務は、立憲体制が整っているならば、署名する以外になにもないとされる。

　続いて統治権とは、君主の決定したことを実施し、適用すること、すなわち、現存の諸法律、諸機構、共同目的のための諸施設を継続的に運営し、維持することである。先に見た司法権と福祉行政権はこの統治権に含まれる。

このような統治権を担う官僚、つまり普遍的身分は、もっぱら能力によって選抜され、このような身分によって特殊的利益が普遍的利益へと導かれることが期待される。

　最後に、立法権について確認しよう。ここで議論の中心的な対象となっているのは、議会の意義と編成である。ヘーゲルによれば、議会の意義は、国家と国民を媒介し、国民が主体的に普遍的目的へと参加することを可能にすることにある。しかし、その際、個人の特殊的意見や利益が直接に政治の場へと持ち込まれるべきではないとされる。ヘーゲルが想定している議会の編成は、（19世紀における少なからぬ法学者や政治学者と同様に）身分制議会である。具体的には、上院と下院からなる二院制が想定されており、上院は、国家資産や商工業の不安定性、利得欲から独立し、普遍的倫理を備えた実体的身分である農民、とりわけ土地貴族より世襲的な形で選出されるべきであるとする。これに対して下院は、商工業者からなる反省的身分から選挙によって選出されるが、その際、先に確認したような、ある程度普遍的性格を有している同業団体や地方自治体を母体として選出が行われることにより、特殊がそのまま普遍へと接合することが避けられることとなる。このように議会が捉えられることにより、議会は単に各人、各身分が自分たちの特殊的利害を主張する場ではなく、相互に報告説得し合う生き生きとした共同審議の会議たる集会として捉えられる。そして、このような議会が公開されることによって、世論もまた国家のあり方について理性的に判断する能力が養成されることとなる。

　続いて、ヘーゲルは国際国法という名称によって、諸国家同士の関係について取り扱う。ここでは、諸国家はそれぞれ独立した存在であり、諸国家の関係は自然状態にある、というホッブズとよく似た議論が行われている。このような観点から、カントが『永遠平和のために』において説いた国家連合による平和は単なる夢想であると一蹴される。

　最後にヘーゲルは、諸国民の精神の上位に存在し、諸国民を裁く世界精神について論ずる「世界史」によって法哲学を終えるが、このことの具体的叙

述は歴史哲学に委ねられることととなる。

·5·
ヘーゲル学派とカール・マルクス

　ヘーゲルは多くの弟子を持ち、彼らを中心としていわゆるヘーゲル学派が形成されることととなる。彼らの中でも、法思想史の観点から見て最も重要であるのは、すでに触れたようにヘーゲル全集の編纂に携わったエドゥアルト・ガンスであり、ヘーゲルの死後も、当時、法学の世界において圧倒的な影響を及ぼしつつあった歴史法学に抗し、哲学的法学の立場を墨守した。

　ところで、ヘーゲルの死去後、ヘーゲル学派は、新約聖書の福音書を歴史的事実ではなく神話であると論ずるダヴィット・シュトラウス『イエスの生涯』（1835年‐1836年）の出版を大きな契機として、右派と左派（さらに中道派を加える分類もある）に分解することとなる。両派のさしあたりの相違は、右派（老年ヘーゲル派）はヘーゲルの立場に忠実に、福音書の記述を歴史的事実であると理解する立場であり、左派（青年ヘーゲル派）はシュトラウスに従い、福音書の叙述は神話であると断じる立場であった。しかし、左派右派間の対立は、このような宗教上の対立にとどまらず、政治的対立へと転ずることとなる。総じて、自由主義的な政治体制を肯定する右派に対し、左派は既存の政治体制の根底的な批判へと向かっていく。このようなヘーゲル左派の流れのなかで最も著名な人物がカール・マルクス（1818年‐1883年）である。

　マルクスは、『ユダヤ人問題によせて』（1844年）や『ヘーゲル法哲学批判』（1844年執筆）といった初期の論考において、ヘーゲルにおける市民社会と国家の区分を不徹底であると批判する。このようなヘーゲル的な考えに立てば、同じ一人の人間が、市民社会においては私益を追求する私人として生き、国家において公益を追求する公人として生きるような、分離した生活をおくることとなる。しかし、マルクスによれば、人間を真の意味で共同体の中に生きる存在（類的存在）として解放するためには、ヘーゲルが考えたように国家に期待するのではなく、私人が私益を追求する市民社会の根本的な

改革が必要であるとされる。

　さらにマルクスは、フリードリヒ・エンゲルス（1820年‐1895年）との接触以降、本格的にアダム・スミスらの経済学やサン＝シモン（1760年‐1825年）らの社会主義の勉強を深めていく。その結果、マルクスにおいては、人間を類的存在たらしめているのは人間の労働や商品の生産・交換活動であると捉えられることとなる。しかし、現実の資本主義社会においては労働者は労働それ自体を商品として売り出すほかはなく、労働者がみずからの労働の意義を見いだせないという人間の疎外が生じることとなる。このような疎外から解放されるためには、労働者が資本家との階級闘争を通じて、権力を奪取し、生産手段が国有化される共産主義を実現するほかないとされる。

　さらにマルクスは、唯物史観の立場を鮮明にする。マルクスにとって、法（に限らず、政治や宗教等も同じであるが）は、現実の土台たる社会の経済的構造（下部構造）によって規定される上部構造であるにすぎず、世界史の主体は、（ヘーゲルにとってそうであったように）理念、観念ではなく、経済の発展段階にすぎない。このような観点からマルクスは資本主義社会の経済学的分析に注力する。その成果が『資本論』（第一部1867年、第二部1885年、第三部1894年）である。

　このようにマルクス自身においては法が有する固有の意義はさほど取り上げられないか、彼の議論は、マルクス主義の枠内で法に関する分析を図るマルクス主義法学を生み出すこととなる。たとえばソビエト連邦の法学者エフゲニー・パシュカーニス（1891年‐1937年）は、法を単なる下部構造の反映と理解するマルクスの見解に満足せず、法という形態を成立させている歴史的・物質的条件を探求しようとする法の一般理論を構築しようと試み、法をもっぱら規範とみるハンス・ケルゼンの立場に対立することとなった。

12

フリードリヒ・カール・フォン・サヴィニー

　サヴィニーは、19世紀ドイツにおいて生じた法典論争の勝者として、そして歴史法学派の創設者としてよく知られている。また、彼の議論は、しばしば法思想史における自然法論から法実証主義への転換点としての役割を果たしたとも見られている。しかし、サヴィニーの考える実定法は、今日の我々が考えるものとは大きく異なり、民族の確信、民族精神によって生み出されたものであるとされる。サヴィニーは、法を理解するためには民族を参照する必要があると主張することにより、従来は、立法者によって恣意的に生み出されるものと理解されてきた実定法に全く新しい価値を与える。以下では、サヴィニーの議論が法思想史上いかなる役割を果たしたかを見ていこう。

・❶・
生涯 と 著作

　フリードリヒ・カール・フォン・サヴィニーは、1779年、富裕な貴族の家の子としてフランクフルト・アム・マインに生まれた。しかし、彼が12歳の時に父を、そして翌年に母を亡くし、父の友人であり、遠縁である帝国裁判所の判事ヨハン・フォン・ノイラートに引き取られることとなる。16歳でマールブルク大学に入学した彼は、ドイツ・ローマ法史学者であるフィリップ・フリードリヒ・ヴァイス（1766年 - 1808年）の影響を受け、ローマ法研究に関心を持つこととなる。21歳で同大学で博士号を取得した後、サヴィニーは同大学の私講師、そして員外教授を務めることとなる。しかし、サヴィニーは1803年に『占有権論』を発表した翌年に大学を辞め、それから4年間にわたり、ローマ法研究のためにヨーロッパ各地において資料収集旅行を行うこととなる。その後、サヴィニーは、1808年にランズフート大学に、そし

て1810年に、プロイセンにおける近代化政策の一環として設立されたばかり
のベルリン大学に務めることとなり、さらに1812年にはフィヒテの後を継
ぎ、弱冠33歳にしてベルリン大学総長に就任する。

　さて、この時期のサヴィニーの活動を述べるにあたり欠かすことができな
いのが、いわゆる法典論争への関与である。当時のドイツでは、ナポレオン
統治時代にドイツの一部において導入されていたナポレオン法典を排除すべ
きか、排除するとしてプロイセン一般ラント法のような旧法を復帰させるべ
きか、あるいは新たにドイツ統一法典を制定するべきかが問題となってい
た。この論争の一方の主役は、『ドイツにおける一般民法典の必要性につい
て』（1814年）という著作を公刊したアントン・フリードリヒ・ユストゥス・
ティボー（1772年 – 1840年）である。ティボーは、当時、法的に分断状態に
あったドイツ諸国家に共通のドイツ民法典が制定されるべきと説いた。理性
法論に基づくティボーの議論は、ドイツ・ナショナリズムの高まりを背景
に、広範な支持を受けた。このようなティボーの議論に対し、サヴィニーは
1814年に『立法と法学に対するわれわれの時代の使命について』を公刊し、
ドイツの法学は民法典を制定するまで成熟していないと述べ、ドイツ民法典
制定反対の論陣を張った。政治的決着としては、この時点ではドイツ民法典
は制定されることはなく（全ドイツに妥当するドイツ民法典はドイツ帝国により1896
年に公布され、1900年に施行されることとなる）、サヴィニー側の勝利として評価
されることがしばしばあるが、しかし、これらの論争が現実政治へと及ぼし
た影響はおそらくさほど大きくないと思われる（領邦国家の独立性を強く認める
ドイツ連邦成立という当時の政治情勢下でティボーの構想が実現する可能性は決して大き
くなかったと考えられる）。いずれにせよ『使命』はその後、形成されることに
なる歴史法学派の綱領論文として扱われることとなる。

　歴史法学派の形成に関しては、サヴィニーが、ゲルマニスト（ドイツ固有の
法を研究する法学者）であるカール・フリードリヒ・アイヒホルン（1781年
– 1854年）らとともに1815年に創刊した『歴史法学雑誌』の影響にも言及す
る必要がある。とりわけ、『歴史法学雑誌』創刊号の巻頭論文であった「本

雑誌の目的について」は、『使命』とならぶ歴史法学派の綱領論文であり、本雑誌は、その後、歴史法学派の機関誌としての役割を果たしていくこととなる。また、これらの綱領論文に基づき、サヴィニー自身が公刊した著作の重要なものとしては、『中世ローマ法史』全6巻（1815年‐1831年）や、『現代ローマ法体系』全8巻（1840年‐1849年）がある。

　同時代の多くの有力な法学者がそうであるように、サヴィニーもまた豊富な実務経験を有していた。大学教員としての職務と並行して、サヴィニーは、1817年からプロイセン枢密院議員（1847年に同議長）に、1819年からラインラント上告破棄裁判所判事の任務を務めることとなる。さらに、サヴィニーは、1842年、プロイセン王であるフリードリヒ・ヴィルヘルムⅣ世の個人的な信頼に基づいて（サヴィニーは皇太子時代におけるⅣ世の家庭教師であった）、立法改訂大臣を務めることとなる。この時期以降、サヴィニーは、『現代ローマ法体系』の執筆作業等の研究活動は継続するが、教職からは退くこととなる。ただし、政治家としてのサヴィニーについては、その研究活動と比べれば見るべきところは少ない、と評価されることが多い。なお、政治家としてのサヴィニーの態度は、漸進主義的改良主義的なものであるとしばしば評価されている。

　1848年の三月革命を機に、サヴィニーはあらゆる公職活動から退き、『現代ローマ法体系』の完成に向けた活動等の著述活動に専念することとなる。1861年、サヴィニーはベルリンで死去した。

・❷・
法典論争

　以下では、『使命』を通じて、サヴィニーの法典編纂反対論について確認していくが、その前に、サヴィニーが直面していたドイツの法状況について簡単に確認していこう。

　18世紀後半のヨーロッパは、理性法の時代であると同時に法典編纂の時代であった。当時は、各国で多くの大法典が作られたのである。具体的には、

ドイツのプロイセン一般ラント法（ALR）（1794年施行）、フランスのコード・シヴィル（ナポレオン民法典）（1804年施行）、オーストリアのオーストリア一般民法典（1812年施行）が代表的なものである。これらの法典について詳細な解説を加えることは法制史の概説書に委ねざるを得ず、ここではサヴィニーがとりわけ批判の対象とした ALR についてごく簡単に触れるにとどめざるを得ない。

　ALR は、当時における代表的な啓蒙専制君主であるプロイセン王たるフリードリヒ大王（フリードリヒⅡ世）により1780年に首席司法大臣であったヨハン・ハインリッヒ・フォン・カルマー（1720年 - 1801年）に対して起草が命じられ、主としてカール・ゴットリーブ・スワレツ（1746年 - 1798年）やエルンスト・フェルディナンド・クライン（1744年 - 1810年）のような、市民層出身の啓蒙官僚と呼ばれる人々によって具体的な編纂作業が行われ、大王死後の1791年に公布され、部分的に修正された後、1794年に施行された法律である。ALR の大きな特徴の一つは、通常の教育を受けた者であれば理解できる法律を目指したため、抽象的な法律用語ではなく、平易な用語で記されていることである。したがって、市民が直接に ALR を読み、自身の権利と義務を把握した上で、みずからの判断に基づいて行動することが可能となるという点において ALR は啓蒙的な法典ということができる。

　ALR のもう一つの大きな特徴は、きわめて細部にわたった規定を置いていることである。ただでさえ、私法と公法の区別がなされない大法典であるのに加え、あらゆる法的紛争事例をあらかじめ網羅しようとしていたために、1万9000を越える条文を持ち、一般の人間では理解できないような条文となったのである。ALR は、市民生活の細部にわたるような規定を多数置いた（このような例としてしばしば引き合いに出されるのは、「健全な母親は子に授乳を行う義務を負う。授乳期間については父親が決定する」と定める ALR, Ⅱ 2 § 67, 68である）。したがって、ALR は、市民の能力を低く評価し、国家による市民に対する干渉を強く認める官憲主義的性格も有していた。このような条文の細かさは、一方においては先ほど述べたような市民の能力に対する不信に基づい

ているが、他方で、水車小屋アルノルト事件※に見られる裁判官や法学者に
対する不信にも基づいている。ALR は、元来、裁判官の法創造や学者によ
る法の注釈を排除しようとする性格を有していたのである（ただし、このよう
な性格は、制定過程および制定後において次第に緩和ないし廃止されていくこととなる）。

　サヴィニーによれば、ティボーらによって主張された、ドイツ全体に適用
される法典編纂を推し進めようという動きは、このような ALR を支える精
神の延長線上にある。すなわち、ALR のような法典の、そして19世紀前半
当時における法典編纂運動の背景に存在するのは、各民族、各時代に関わり
なく正しい法を理性によって発見できるという思想（理性法論）のみなら
ず、このような正しい法を法律という形で制定することが可能であり、同時
に、このような形で制定される以外に法というものは存在しないという思想
である。

　ここまで見てきたような法典編纂の思想に対し、サヴィニーは、法は民族
共通の確信に基づいて生成するのだという発想を対置する。サヴィニーに
とって、法は、決して特定の立法者によって作られるものでも、理性によっ
て発見されるものでもない。法は、言語や習俗、国家のあり方と同様に（た
とえばドイツ人、たとえば日本人といった）個々の民族が、「これが法である」と
確信することによって成立する。また、法は、言語等と同様に、民族をある
特定の側面から見ることによって現れるものであって、民族と切り離される
ものではない。したがって法は民族とともに成長してゆき、民族とともに自
己を形成し、民族がその個性を喪失するならば、法も最後には死滅する。

　ところで、法が一定の発展段階まで到達したならば、法の細部に至るまで

※　水車所有者であるアルノルトが、隣人が養鯉池を設置したため、水車利用に支障を来し、十分
　な収入が得られなかったとして、領主に地代の減免を求めた事件。敗訴したアルノルトの直訴を
　受けて、フリードリヒ大王が直接、裁判に介入し、原判決を破棄した上、事件に関係した司法官
　僚、裁判官の多くを罷免した（1779年‐1780年）。この国王による介入を大権判決という。
　フリードリヒ大王は、この事件をきっかけとして、整備された法典の必要性をより強く感じるよう
　になったとされる。従来の研究では、この大権判決に対して君主による司法に対する介入という
　観点から非難が加えられることが多かったが、近年の研究は、当時の法状況に照らしてアルノル
　トの請求および国王の判断が適切であったのではないかと説かれてもいる。

民族の共通の確信が発生するわけではない。このような時代においては、かつては民族全体の意識において生きていた法は、次第に学問的な性格を強め、民族を代表する法曹・法学者によって担われるものとなる。しかし、だからといって、元々、民族の確信によって成立していた法が消滅するわけではなく、法は、民族全体の確信である自然的な法と、法曹によって担われる学識法の二重の生を持つとされる。このような事態を指して、サヴィニーは法は慣習法として発展するという。

　このようなサヴィニーの観点からは、法典編纂はどのように見えたのか。まず、サヴィニーにとって、理性によって正しい法を発見するという手法は全く空虚なものであった。それゆえ、法典編纂の具体的な方法として現実的に考えられるのは、従来から存在してきた法の記録集成として法典を作成するということとなる。しかし、適切な法典が作り上げられるためには、変更されずに保存されねばならないものが余すところなく理解された上で、それが正しく表現されなければならない。サヴィニーによれば、法典が作成される場合、法典が唯一の法源である以上、法典はあらかじめすべてを予測して作成されねばならないが、このことは不可能である。なぜなら、実際に生ずる事例は、多種多様に次から次へと現れてくるため、あらかじめすべてを予測することなどできず、したがって、法典に完全性を求めることなどできるはずがないからである。しかし、法を認識するにあたり、法学の助けを借りつつ、法が有する指導原則から出発して相互の関係を理解するという意味での完全性を追求することは可能である。しかし、このような指導原則に対する十分な認識なしに、完全な法典を編纂しようとするならば、個々の規定は、起草者の気付かないまま、矛盾を多数包含することになる。このような状態は、実際の適用によりはじめて徐々に理解されるようになるのだが、思慮のない裁判官であれば、このような矛盾には気づかないだろうとされる。この場合、法律家は、法典の文言に拘泥することになるという危険が生じることとなる。このような点を踏まえて、サヴィニーは法典を作る能力を具備した時代はきわめて少ないと論じ、そして、当時のドイツ人にもこのような

法典編纂を行う能力は認められないという。

　このように、サヴィニーは、立法によってではなく、法学によって法が形成されるべきだと論じた。法学によって形成される法の基礎として、サヴィニーは、おおむね、これまで全ドイツを支配してきた普通法、すなわち主としてローマ法大全を歴史的に研究することによって獲得されたローマ法と、ドイツ固有の法とを結合したものが取り扱われるべきであると考える。その際、サヴィニーは、民族と直接に結び付くドイツ固有の法の意義を決して否定している訳ではないが、その後に執筆されたサヴィニーの著作のタイトルが示すように、サヴィニーの主たる関心はローマ法にある。なお、しばしば、このようなローマ法の重視は、法を民族の確信と捉えるサヴィニー自身の議論と矛盾するものではないか、という指摘が行われてきたが、この点についてサヴィニーは、（1）ローマの法律家の卓越性、（2）外国の影響を受けることが、即座に非民族的であることを意味するわけではないこと、（3）ローマ国家こそが発展の中心点をなしていたローマ法と異なり、ゲルマン民族の大移動等の影響により、ドイツ固有の法の中心点と呼べるような場所が存在せず、そもそもドイツ固有の法が独立した発展を示す可能性はなかったことを挙げ、ローマ法研究の必要性を強調している。

・❸・
実定法の成立

　『使命』とならんでサヴィニーの主著と目されている『現代ローマ法体系』は、前者で示されたプログラムに従って、ローマ法の歴史的研究の成果をサヴィニー自身が示したものであると捉えることができる。したがって、後者は、基本的には前者の主張をおおむね踏襲したものと捉えられるが、いくらかの変更がなされているようにも思われる。以下では、この点についても注意しつつ、『現代ローマ法体系』の議論を通じて、サヴィニーにおける独特の法の見方について確認していこう。

　サヴィニーは、『使命』に引き続き、『現代ローマ法体系』においても法を

民族と結び付けて捉える。その際、サヴィニーは、法が民族の個々の構成員の恣意によって作り出されるかのように考えてはならないとし、すべての個々人において共通に生きて活動している民族精神が法を生み出すと説き、有名な民族精神による法の成立について論じている。

　この考え方によれば、法は、偶然や恣意によって生み出されるのではない。法は、人間が作為的に（法律等の形を取って）作り出す以前から現実に存在しているのだ、とサヴィニーは主張し、このような意味での法をサヴィニーは実定法や民族法という言葉で表現している。このような用語法は、今日の用語法とはもちろん、当時の多くの法学者の用語法とも異なるだけに注意が必要である。サヴィニーの見解では、法律や慣習法、判例等といったものそれ自体は（今日の用語法とは異なり）実定法ではない。たとえば法律は、実定法に外形的な形を与えることにより、実定法それ自体が目に見えないことから生じる混乱を減らすという役割が与えられているにすぎない。また、慣習法についても、個々の慣習は、徴表として、その背景に存在する民族の意識を、すなわち実定法の存在を推測させるという意味を持つにすぎない。さらに、このことから正しい慣習（実定法に合致した慣習）と間違った慣習（実定法に合致しない慣習）との区別が生じ得る。すなわち、慣習は錯誤に基づいて成立することもある。錯誤に基づいた慣習は、民族精神から生み出されたわけではない慣習であり、このような慣習は法ではない。慣習は、民族精神を反映しているかぎりで実定法を表現した慣習法となるのである。

　ここで重要なのは、このようなサヴィニーの議論によって、実定法の概念の根本的な転換がなされたことである。いわゆる理性法論者と呼ばれている人々、たとえばカントにおいては、実定法とは、立法者の恣意によって作られるものであり、実定法の内容は（理性の観点から見て）正しいこともあるし、間違っていることもある、というものであった。これに対し、サヴィニーの考える実定法は、決して偶然や恣意に基づくものではなく、民族精神によって成立し、民族の発展に伴って成長するという意味において、それ自体として正しい。従来の研究において、サヴィニーら歴史法学は自然法論か

ら法実証主義への転換点を形成したといわれることがあるが、このような評価それ自体が必ずしも間違っていないとしても、このような評価はサヴィニーが法思想史において果たした役割を十全に捉えていない。サヴィニーは、「実定法は民族の確信から成り立つ必然的なものである」と説くことによって、「真理ではなく、権威が法を作る」と説くホッブズのような法実証主義と、「実定法は恣意的であり、正しいことも間違っていることもある」と説くカントのような理性法論者に共通する、「実定法は立法者の恣意によって作られるものであって、その内容が必然的に正しいとはいえない」という理解に対して根本的な異議申し立てを行い、実定法（民族の確信の現れ）を研究する法解釈学者の活動に重要な役割を与えたのである。サヴィニーによって引き起こされたのは実定法という語の理解そのものの変化である。

· ❹ ·
歴史と哲学

　サヴィニーの立場が歴史を重視する歴史法学に属することは従来の研究においてしばしば強調されてきた。しかし、このことは、サヴィニーが所与の現実を絶対視し、現実の変更を認めないことを意味するわけではない。むしろ、法学者としてのサヴィニーの態度は、その逆である。サヴィニーは、法学者が歴史を研究しなければいけない理由を、これまで法学者を支配してきたローマ法に無意識に支配されないためだという。サヴィニーによれば、法学的方法は大きく分けて、それぞれの時代の特徴および法のあり方を把握する歴史的方法と、法学上の概念を全体との生き生きとした連関の中で捉えるという体系的方法との二つの方法から成り立つ。以下では、サヴィニーにおけるこのような歴史に対する見方を具体的な例を挙げつつ説明しよう。ここでは、休止相続財産（相続財産法人）を取り上げることとする。これは、被相続人が死亡したのち、相続人の存在が判明するまでのあいだの相続財産のことである。この相続財産の法的性質はなにか、というのがここでの問題である。日本民法典第951条もまた、「相続人のあることが明らかでないときは、

相続財産は、法人とする」と定めているが、相続財産を法人として取り扱うという、やや奇異の念を引き起こすこのような法的構成はなにに由来するのだろうか。

　相続財産は法人である、とするこのような議論は、ローマ法に由来するものである。たとえばサヴィニーの弟子のゲオルグ・フリードリヒ・プフタ (1798年 - 1846年) は、ローマ法に忠実に、相続財産は法人であると理解する。プフタはこのことを説明するために、財産の権利者 (被相続人) が死去した後、財産に対して被相続人の霊魂が乗り移って財産それ自体が人格 (法人) となると述べている。しかし、サヴィニーは、プフタによって説かれたような、相続財産が人格であるという法的構成を不自然であるとし、相続財産は (この時点ではいまだ判明していない) 相続人の財産であると考える方が自然であると述べる。

　では、なぜローマ人は相続財産を法人として捉えていたのか。サヴィニーによれば、ローマ人が相続財産を法人として捉えたことにはそれなりの歴史的理由が存在した。すなわち、当時のローマには奴隷制が存在していた。奴隷は権利能力を持てないが、通常の場合はそれで支障がない。たとえば主人の使いで買い物に行く場合は、主人に権利能力があればよいからである。ところで、主人が亡くなった際、相続財産の中に奴隷が含まれている場合があり得る。そして、この奴隷の行為によって、財産が増えることがある (たとえばある物を譲渡された場合)。しかし、奴隷には権利能力が存在しないため、このような財産の取得が有効であると判断できない場合がある。その場合でも、相続人が判明していれば、相続人の権利能力によって奴隷に財産を取得する能力が存在すると考えることができるだろうが、相続人が判明していない場合、このようなことは不可能となる (古代ローマでは外国人には権利能力が認められない可能性があり、相続人が外国人であったときは、当然に奴隷による財産取得は有効とはならない)。このような場合、奴隷による財産の取得を無効としないために、相続財産それ自体が死者の人格を代表する＝法人である (権利能力を持つ) という擬制がローマでは行われたのだ、とサヴィニーは説明する。

しかし、このような議論は、奴隷制が存在した古代ローマにおいて実益を持つにすぎない。これに対し、当時のドイツのように奴隷制が存在しない社会においては、相続財産を法人と考える必要はない、とサヴィニーは主張する。このように、かつての状況を精確に理解し、かつてにおいては意義を有していたが、今日においては意義を有さない法を今日の法から排除すること、これがサヴィニーにとって歴史を学ぶことの重要な意義である。

さて、このような歴史と体系性を重視するサヴィニー思想の背景はどのようなものであるのか。これまで、サヴィニーの思想史的背景を探る多くの研究が行われてきた。たとえば、カントのとりわけ目的論的判断力がサヴィニーに与えた影響や、理性が現実の発展に大きな影響を与えていると捉えるヘーゲルらの客観的観念論がサヴィニーに与えた影響、そしてとりわけ、フランス革命や啓蒙主義に対する反動として現れ、歴史や民族の重要性を強調するロマン主義がサヴィニーに与えた影響（とりわけ、サヴィニーとの関係では、ユストゥス・メーザー（1720年‐1794年）が重要である）について論じられてきた。また、法の歴史的把握といった面におけるサヴィニーの先駆者として、グスタフ・フーゴー（1764年‐1844年）の名前も欠かすことはできない。おそらくは、サヴィニーの思想は特定の哲学が法学において単に反映されたというものではなく、すでに法学や哲学の世界において存在していた歴史や民族に対する見方が、サヴィニーの中で独特の形で統合されたと見るのが適切であるのだろう。

いずれにしても確認しておくべきことは、サヴィニーの思想を、自然法論に対する法実証主義の主唱者として位置付けることはさほど適切ではないということである。サヴィニーの思想においては、哲学、たとえば人間の自然本性はなにか、という問いが排除されていない。むしろ、サヴィニーにおいては、自然のままにしておけば人間は衝突し合うため、それを防ぐために意図的に国家や法は作られたのだ、というホッブズ流の議論が意図的にしりぞけられた上で、国家や法は自然に発生したのだ、というアリストテレスやトマス流の人間の自然本性論が（決して彼の議論の前面には現れてはいないとしても）

説かれている。さらにサヴィニーは、みずからの法理解が、キリスト教的な人間の自然本性と合致することを示唆している。サヴィニーの議論は、法実証主義的でも、理性法論的でもなく、むしろ部分的には古典的自然法論への回帰を試みた議論であると評価することもできるだろう。

·❺·
サヴィニーとヘーゲル

　ここまで、ヘーゲルとサヴィニーというドイツ哲学および法学を代表する二大巨頭の議論を確認してきた。彼らは、ベルリン大学において在籍期間が重なっており、また、（後にベルリン大学においてヘーゲルの法哲学講義を引き継ぐこととなる）ガンスの処遇をめぐって争いがあったとされるのだが、このような人事上の対立だけではなく、学問的にも対立していた。ヘーゲルは、『法哲学綱要』において、名前をあえて伏せつつも、サヴィニーの法典編纂反対論に対する批判を行った。しばしば、この批判について、「ヘーゲルは法を実定法＝法律として捉えたゆえにサヴィニーの議論に反対した」というように説明されることがあるが、これは不十分である。ヘーゲルのサヴィニー批判の意義をごく簡単にまとめれば、「法は理性に合致したものでなければならない」ということとなるだろう。ヘーゲルは、（サヴィニーがそう考えたように）法がまず慣習として現れるという事実そのものは否定しない。しかしながら、慣習は常に理性的なものではなく、奴隷制等を肯定することもある。このような非理性的な慣習は、慣習が法律となり、広く知られるなかで理性的な吟味が加えられることによって抹消される、とヘーゲルはいう。ヘーゲルのいう実定法は、このような理性的な吟味が加えられた法律のことを指すのであり、単に立法者が作り出したにすぎないものはヘーゲルにとって実定法ではない。さらに、ヘーゲルは、法は法曹のみが理解していればよいというサヴィニーの態度を批判する。すなわち、サヴィニーにとって、法とは、慣習法が集成され、法律家によって指導原則に基づいて整序さえされれば十分なものであるのに対し、ヘーゲルにとっては法が公布されること、

そして望むべくは、整序された法典という形で公布されることが本質的に重要である。ヘーゲルにとって、法は（非法律家である）普通の人々にとっての行動の指針であり、この指針によって、なにが義務付けられており、なにが権利として与えられているかということが人々によって広く知られていなければ、人々を責任ある主体として扱うことはできないのである。ヘーゲルによれば、法典を人々に与えることは正義の実現である。このような観点から、ヘーゲルはフリードリヒ大王が行った ALR 編纂事業を高く評価する。サヴィニーの法典編纂反対論が、総じて法律家にとっての法典の意義を検討するものであったのに対し、ヘーゲルにとっての法典は市民のためのものであるといえるだろう。

13

サヴィニー以後のドイツ法学

　以下では、サヴィニー以後の19世紀および20世紀初頭までのドイツ法学について極めて簡単なスケッチを行う。かつての研究においては、しばしば、この時代のドイツ法学については、法学の完結性を標榜する概念法学と、それを批判する社会学的法学という図式から説明が行われていた。今日においては、概念法学なる立場の実在性は多くの研究者によって疑われており、このような図式がそのままの形では維持できないことは明らかである。しかし、当時のドイツ法学に対する評価が、現時点で、研究者のあいだで定まっているとはいえない。以下では、本書なりの角度から、サヴィニーのプロジェクトが様々な角度から実現されていく試みとしてサヴィニー以後のドイツ法学を描いてみよう。

・❶・
概念法学

　多くの法思想史の教科書においては、サヴィニーによって始められた歴史法学は、次第に体系的方法に傾斜するようになり、概念法学（パンデクテン法学や学問的実証主義という用語がほぼ互換的な意味で用いられることもある）と呼ばれる学派を形成するようになったと説明されている。概念法学の定義は様々であるが、たとえば概念法学の特徴として以下のような説明がなされることがある。

　（1）実定法秩序はそれ自体で論理的に自己完結したものであり、いかなる事実に関してもその解決のための法的基準があらかじめそこに含まれていると想定されている。

（2）一切の法的規制を、所与の実定法命題の純論理的操作によってくまなくカバーし得ると想定されている。

（3）裁判官はみずから法創造をするべきではなく、提起された事案は先の概念体系に包摂されると想定されている。

　このような概念法学の定義はわかりにくいかもしれない。概念法学という言葉は、もともとはプフタの弟子であるルドルフ・フォン・イエーリング（1818年‒1892年）が、主にサヴィニーやプフタたちの法学の立場を批判する際に用いた表現に由来する。イエーリングには、「法学者の概念天国にて」という論文（というより創作仕立てである）がある。この論文は、ある法学者が死後の世界を垣間見て、法学者が死後にどのような世界に行くかを教えられるというストーリーとなっており、そこでは、法学者は、生活と調和せず、生活とのあらゆる関わりを絶って完全にそれだけで単独で存在する概念から成り立つ世界を求めていると描かれている。ここで法学者として想定されているのはサヴィニーやその弟子たちのことである。すなわち、概念法学とは、一言で言えば、生活からかけ離れた法学を指す。一般的な理解によれば、イエーリングは元々概念法学者であったのだが、ある法的紛争において危険負担をどう解決するべきかという問題に直面し、この問題を概念法学的手法によっては解決することができず、そのことをきっかけとして、生活や目的を重視した法解釈学（目的法学）に転向したといわれている。

　さて、イエーリングやほかの学者が、歴史法学以後の学者を概念法学と論難してきたのは適切であろうか。そもそも本当にサヴィニーらが現実を度外視していたのだろうか。サヴィニーにおける法学的方法が歴史的方法と体系的方法から成り立っていたことはすでに確認した。サヴィニーについて見た際に確認したように、我々は歴史的現実から出発するほかないのだが、しかし、このことは歴史をそのまま受け入れろということを意味するのではない。我々は、すでに現代においては意味のないもの、単なる過去に属するものと、現代においても意義を有するものを区別するために歴史を研究しなけ

ればならないのである。この一点だけ取っても、サヴィニーが所与の実定法命題の純論理的操作に専念していたとはとてもいえないだろう。また、いわゆる概念法学の批判者は、サヴィニー自身は概念法学者ではないとしても、サヴィニーの後継者（たとえば民法学においてはプフタやベルンハルト・ヴィントシャイト（1817年–1892年）、公法学においてはＣ・Ｆ・ｖ・ゲルバー（1823年–1891年）やパウル・ラーバント（1838年–1918年））たちは概念法学に属すると考えていた。しかし、今日の研究水準によれば、概念法学なる学派が19世紀中頃のドイツ法学を席巻していたという理解は不適切であるとされる。彼らにおいても、その著作において現実感覚や柔軟性に富んだ論理が見いだされるという指摘が存在する。また、しばしば彼らは、法学から経済学や歴史学、哲学を追放したと批判されがちであるが、彼らが抑制したのは、実定法解釈学に直接に経済学、歴史学、哲学的な議論を持ち込むことであるにすぎず、そもそも「なにがドイツにおける実定法であるか」を特定するためには、しばしばこれらの諸学の助けを借りる必要があることを明示的に承認していた。今日の研究水準に従えば、いわゆる概念法学なるものは、その批判者たちがみずからの学説の独自性を強調するために、批判対象を戯画化したものにすぎないのではないかと疑問に思われているのである。

・❷・
ゲルマニストおよび社会学的法学

　さて、先にサヴィニーの議論を確認とする際に、ローマ法を出発点としていたと述べた。しかし、法が民族の確信であるというならば、むしろドイツ人が古来から継承してきた法、すなわちゲルマン法こそが法学の対象となるべきではないか。こう考えたのがゲルマニスト（ゲルマン法学者）型の歴史法学派（代表的な人物としては、ゲオルグ・ベーゼラー（1809年–1888年）やグリム兄弟の長兄であるヤーコプ・グリム（1785年–1863年）、オットー・フォン・ギールケ（1841年–1921年）が挙げられる）である。彼らはサヴィニーのようなロマニスト（ローマ法学者）型の歴史法学派と異なり、発展した社会段階においても法は民族

のものであると説いた。すなわち、ドイツには、法曹によって形成された
ローマ法のほかに、民衆のあいだで用いられてきたゲルマン法が存在する。
このゲルマン法こそが本当のドイツ法だというのである。

　また、社会学的法学あるいは自由法運動と呼ばれる人々の議論も確認しよ
う。ヘルマン・カントロヴィッツ（1877年 - 1940年）は、法の目的を知るため
には、社会学的研究が必要不可欠であると主張する。つまり、法を深く知る
ためには、法が実際には現実の社会においてどういった効果を持つかという
ことを知ることが必要であると主張し、そのため、法を社会学的観点から研
究する法社会学の必要性を説いた。このような考察は、裁判官が既存の制定
法に固執するべきではないという主張に結び付く。しかし、彼は、同時に、
法がどのように解釈されるべきか、という問題は、このような社会学的探求
によって解消することはできず、社会学的探求によって法学が置き換えられ
ることは決してないとも説いた。

　カントロヴィッツと同様に、オイゲン・エールリッヒ（1862年 - 1922年）も
自由法運動の立場に属するといわれる。彼もまた法社会学の必要を説いた
が、その理由はカントロヴィッツとは少し異なる。エールリッヒによれば、
真の法は、立法者が形成する制定法ではない。民衆のあいだで用いられてい
る慣習法（生ける法）こそが、人々を拘束する真の法であり、裁判官は、制
定法ではなく生ける法に従って裁判を行うべきだというのである。

　さしあたり、このような立場がロマニスト歴史法学あるいは概念法学の立
場に対する批判の代表的なものである。しかし、これらの立場は、彼ら自身
が述べるほど、サヴィニーの立場に真っ向から反対するものではないだろ
う。たとえば、サヴィニーは、ローマ法研究と並行して、ゲルマン法研究が
進められるべきであると論じていた。また、サヴィニーの述べる民族の確信
の重視は、制定法はあくまでも法の一部にすぎず、社会の実情の探求こそ
が、法学者にとっても関心を寄せなければならない対象だという議論と容易
に結び付くであろう。もちろん、サヴィニーその人が、十分にゲルマン法の
探求や社会の実情の探求を行ったとはいえない。ゲルマン法研究や、社会の

実情の探求は、サヴィニーにとってはあくまでも今後のプログラムにとどまったといわざるを得ないだろう。このような観点からは、ゲルマニストや社会学的法学の議論は、サヴィニーの議論を否定するものというよりも、サヴィニーの議論をそれぞれの観点から発展、徹底するものであると捉えることもできると思われる。

　すでに述べた点であるが、サヴィニーが自然法論から実定法のみを法学の対象とする法実証主義への転換をもたらしたという表現はいくらか誤解を招きかねない。サヴィニーは、確かに法学の対象を実定法に限定したが、それは決して法学の対象を、制定法や判例、慣習法に限定するものではなく、これらを生み出す、我々が生きるこの現実という豊かな基盤に法学者が目を向けるべきことを示唆したのであり、サヴィニー以後の法学者は、このような意味で、サヴィニーが取り組むことのできなかった諸問題を取り扱ったと理解することができないこともないだろう。

14

ハンス・ケルゼン

　一般に、ハンス・ケルゼンは法実証主義の立場に立つといわれており、ケルゼン自身もそれを自認している。たしかに、ケルゼンは、自然法を否定し、実定法のみが法学の対象であると説いており、その意味では、ケルゼンを法実証主義と呼ぶことに根拠がないわけではない。しかし、ケルゼンの議論の特徴は、法学は法をあくまでも事実ではなく、規範として捉えるべきとする点にある。ケルゼンは、実定法のみを法として捉えるという広い意味では法実証主義であるが、経験科学的な方法によって法を把握するという意味では法実証主義であるとは必ずしもいえない。ケルゼンの考える法学は、法をもっぱら規範として捉えるものでなければならない。ケルゼンはこのようなみずからの法学を純粋法学と呼ぶ。この純粋法学という独自の観点から観点から、ケルゼンは法の構造と性質について徹底した分析を加えてきた。以下では、この純粋法学を中心に、ケルゼンの議論を見ていこう。

・❶・
生涯と著作

　ハンス・ケルゼンは、1881年、照明器具を商う父親の長男としてプラハに生まれ、1884年に家族はウィーンに移住した。両親はともにそれほど信仰に熱心ではないユダヤ人であり、このような出自は、当時の多くのユダヤ人法学者と同様に、ケルゼンの人生に大きな影響を与えることとなる。若きケルゼン自身は文学や哲学、数学に関心を持っていたが（この時期、ケルゼンが強い関心を有していた哲学者は、カントとショーペンハウアーである）、おそらくは両親の意向もあり、ウィーン大学法学部に進学し、1906年には法学博士の学位を取得している。また、ケルゼンは1905年にはプロテスタントに改宗している

が、それはユダヤ教徒のままでは就職等で不利だからという全く世俗的理由
に基づいていた。

　ケルゼンが公刊した、純粋法学に関する最初の本格的な著作は、『国法学
の主要問題』（1911年）であり、この著作によってケルゼンはウィーン大学法
学部で教授資格を取得し、その後、1919年にウィーン大学法学部正教授に任
命された。この時期のケルゼンの活動において注目すべきものとして、当時
のオーストリア首相であったカール・レンナーの要請により、オーストリア
共和国憲法を起草したことが挙げられる。ケルゼン自身はこの憲法を、「私
が一番心血を注ぎ、手塩にかけた個人的作品」と呼んでいる。この憲法は
1920年にほぼ無修正のまま成立した。この憲法は憲法裁判所制度を設けてお
り、新憲法制定後ほどなくして、ケルゼンは憲法裁判所の常任委員に任命さ
れたのだが、特免婚姻問題をきっかけとして、憲法裁判所は解体することと
なる。しばしば、ケルゼンは法実務に無関心であると語られることがあるの
で、この特免婚姻問題について、いくらか詳しく説明しておこう。

　ケルゼン自身の説明するところ、特免婚姻問題とは以下のような問題であ
る。民法典制定（1811年）期のオーストリアにおいてはカトリック教徒同士
の離婚は認められていなかった。別居は認められていたが、これは同居義務
を解消するにとどまるものであり、婚姻そのものの効力を解消するものでは
ないので、その状態で当事者が再婚をしようとするならば、婚姻欠格事由
（婚姻をできない理由）に該当することとなる（すなわちこの場合は重婚となる）。こ
れに対し、君主による特免によって、このような婚姻欠格事由が消滅させら
れるという事例が存在していたが、帝政期においては、このような事例はご
くわずかにとどまっていた。

　その後、革命後の議会においては、社会民主党とドイツ国民党が多数を占
めていたのだが、これらの政党は、婚姻の世俗化を目指し、キリスト教徒で
あろうと非キリスト教徒であろうと、離婚の自由を認めようと試みた。これ
に対し、カトリック教会の支配下にあるキリスト教社会党はこのような改革
に反対したため、社会民主党とドイツ国民党は婚姻法改革を断念するかわり

に、行政庁が有する特免権をより緩やかに運用するという妥協を行った。その結果として、行政庁により数千にも及ぶ特免婚姻が認められた。しかし、あるとき、通常裁判所が「既存のカトリック教徒間の婚姻に基づく婚姻欠格事由は、特免の対象とはなり得ず、したがって特免を発する行政行為は無効である」との判決を下し、この判決はその後の裁判によっても支持された。ケルゼンの見解では、このような事態は国家の行政権が明示的に許可した婚姻締結の効力を同じ国家の司法権が否定するのであるから、国家の権威はひどく揺るがされることとなる。しかも、裁判所は、既存の婚姻関係を職権的に審査したため、第三者が「あの夫婦は特免婚姻をしている」と主張するだけで、当該婚姻が無効と判断されることさえもあった。

　ケルゼンも含めた憲法裁判所は、この問題に対し、「現行法上、行政行為の合法性の判断はもっぱら行政裁判所の権限であり、通常裁判所にはそのような権限はなく、後者が特免婚姻の法的効力を否定するのは権限踰越であり、婚姻無効判決は破棄されるべきである」と判断した。このような判断の根拠について、自身は従来の判例に従っただけではなく、司法部と行政部とのあいだの境界を守り、国家権威の失墜を回避しようとしたのだ、とケルゼンは述べている。しかし、保守的カトリック層を中心に、ケルゼンはかなり強力な個人攻撃を受け、オーストリアを去らざるを得なくなったとされる。

　ウィーン大学を去ったケルゼンは、1930年、ケルン大学の招聘に応じることとなる。しかし、ユダヤ人排斥をもくろむナチスの意向により、ケルゼンはケルンに長くとどまることはできなかった。ケルゼンは1932年から33年にかけて法学部長の地位にあったが、1933年4月には休職とされた。このように免職の危機に瀕していたケルゼンに対し、ケルン大学法学部の同僚は、プロイセン文部科学省にケルゼンに有利な嘆願書を提出したのだが、結局、これは功を奏することなく、同年、ケルゼンはドイツから亡命することとなる。なお、この際、ケルン大学法学部の教授の中で、（ケルゼンが招聘に努力した）カール・シュミット（1888年‐1985年）だけが嘆願書にサインしなかったことがしばしば、伝記的エピソードとして特筆される。また、一般にケルゼ

ンの主著の一つとして目される『純粋法学』もこの時期に公刊されている（初版：1934年。大幅に改訂された第二版：1960年）。

　ドイツから亡命したケルゼンは、ジュネーブの国際高等研究所とドイツ・プラハ大学に所属したが、第二次世界大戦勃発後の1940年に、少なからぬユダヤ人系学者と同様に、アメリカ合衆国へと亡命することとなる。アメリカでは、社会学的法学を代表するロスコー・パウンド（1870年‐1964年）の紹介により、カリフォルニア大学において教職を得、定年退職したのちも、終生をアメリカで過ごした。アメリカにおいては必ずしも高い評価を得ることはできなかったが、定年後もケルゼンは多くの著作を公刊し、日本も含む多くの国々において彼の理論は注目され続けてきた。この時期の代表的著作としては、死語に公刊されることとなった『規範の一般理論』（1979年）がある。ケルゼンは1973年にアメリカにおいて亡くなった。

・❷・
純粋法学の目的と法実証主義

　ケルゼンは、純粋法学の目的を、実定法の一般理論を提示することにあるとしている。すなわち、ケルゼンは、現実に人々が遵守している法、換言すれば、概して実効的な強制秩序を実定法と位置付けた上で、特定の国の実定法ではなく、実定法に共通する性質や構造を明らかとしようとする。

　このような意味では、ケルゼンにとって法学の対象となるのは人々に現実に遵守されている法であり、純粋法学の目的そのものはさほど独自のものではない。純粋法学を独自のものとしているのは、一方では自然法論の排除を前提としつつ、他方であらゆる経験科学（たとえば社会学や心理学）的考察方法をも法学から排除していることである。通常、法実証主義と呼ばれる多くの思想家、たとえばホッブズが、経験科学の諸成果を積極的に摂取してきたことを考えれば、純粋法学が自然法論を排除していることはともかく、経験科学をも排除していることは異様に見える。しかし、とりわけ、比較的初期の純粋法学は、自然法論の排除よりもむしろ経験科学を排除するべきことを強

調してきた。このようなケルゼンの思想を理解するためには、ケルゼンに影響を与えた哲学的背景について確認する必要がある。

　ケルゼンの純粋法学が、19世紀後半から20世紀初頭にかけて強い影響力を有した新カント主義哲学の強い影響（比較的初期においては新カント主義のうち西南ドイツ学派に属するヴィルヘルム・ヴィンデルバント（1848年 – 1915年）、後にマールブルク学派のヘルマン・コーヘン（1842年 – 1918年）から影響を受けている）のもとに構築されたことはよく知られている。新カント主義は、ヘーゲルおよび新ヘーゲル学派による、世界精神によって歴史は貫かれているというような主張を独断的な観念論であるとして批判し、カントの認識論批判に立ち戻り、人間の認識能力の限界を再び見定めようとした。しかし、新カント主義の前に立ちはだかった敵はそれだけではない。新カント主義は同時に、自然主義あるいは実証主義を批判した。ここでいう自然主義や実証主義とは、自然科学の発展を背景として、経験的に知覚できる対象のみが唯一、学問の対象となり得る（実証的・経験的な学問のみが唯一の学問である）とする立場である。新カント主義は、このような実証的な学問の意義を認めつつも、政治や芸術、道徳といった、人間の精神によって生み出された領域を取り扱うことに独自の学問的意義が存在することを認め、このような領域を取り扱う学問を（自然科学や経験科学と区別して）精神科学や文化科学と呼んだ。

　このような新カント主義の主張を踏まえたケルゼンの純粋法学の目的は、法学を一個の精神科学として捉えることにより、法学を真の意味での学問の高みに到達させることにある。では、いかにして法学は精神科学となることができるのか。それは、主として、以下のような方法によって可能となる。

　ケルゼンが新カント主義から受けた影響として、主要なものは二点存在する。一つ目は、存在（〜である）と当為（〜べし）の区別である。ケルゼンは、ヴィンデルバントにおける事実の領域と価値の領域の区別に関する議論を独自の形で受け継ぎつつ、存在と当為を区別する。前者はなにかが存在すること、後者はなにかが存在すべきことを指す思考様式である。我々は、対象を把握しようとする際、この二つの思考様式のいずれかを用いて（同時に

用いることはあり得ない）把握することとなる。この二つの思考様式は原理的に異なったものであり、認識対象は二つの相違した世界として現れる。さて、存在と当為が人間にとって二つの相違する根源的な思考様式であるならば、あらゆる学問もこの二つの思考様式のいずれかに対応することとなる。すなわち、第一に、存在に対応する学問として、この世界における事実に目を向ける因果科学が挙げられる。第二に、当為に対応する学問として、この世界における規範に目を向ける規範科学が挙げられる。前者は、現実においてなにが起こるかを認識しようと努め、後者は現実においてなにが起こるべきかを認識しようと努める。ケルゼンによれば、このような因果科学には自然科学が属するのはもちろん、歴史学も属するとされる。これに対し、規範科学に属する代表的分野は倫理学や論理学、文法学である。では、法学は因果科学と規範科学のいずれに属するのか。ケルゼンによれば、法学は、断固として規範科学に属する。確かに、法を一個の社会的事実という観点から把握することは可能である。このような傾向の代表として、とりわけ、法という現象を社会学の手法を用いて把握しようとする法社会学が特筆される。このような法の把握方法に基づくならば、法学は因果科学として理解されることとなる。ケルゼンもまた、このように、法を事実として把握する学問分野が成立し得ること自体を否定するわけではない。しかし、法学は、本来、規範科学に属する。すなわち、法学とはもっぱら実定法という対象を規範として把握する学問であるとされる。このような認識を前提として、ケルゼンは因果科学として（たとえば社会学や心理学的手法を用いて）法を把握しようとする法学における傾向を方法混淆主義として激しく批判し、法学から因果科学的要素を排除しようとする。先に取り上げた法社会学者オイゲン・エールリッヒに対してもケルゼンは激しく批判を加えているが、この批判はおおむね、エールリッヒがこのような方法混淆主義に陥っているというケルゼンの認識による。

　二つ目は、認識方法が認識対象を規定する、というものである。このような発想につき、ケルゼンは当初はさほど自覚的ではなかったが、『国法学の

主要問題』公刊後に、コーヘンの議論とみずからの議論との類似性を指摘さ
れて以後、自覚的にコーヘンの議論を摂取していく。コーヘンは、認識とは
感性が対象によって触発されることによって行われると主張したカントの議
論を突き詰め、事物は認識主体によって生み出されるのだと説く。このよう
なコーヘンの議論をまとめてケルゼンは、認識対象は認識方法によって規定
されると説く。このような議論から、ケルゼンは、国家とは法である、と説
いた。ケルゼン以前の公法学、たとえばゲルバーやラーバント、そしてケル
ゼンの師の一人であるゲオルグ・イェリネック（1851年 - 1911年）は、国家を
法秩序の主体であると捉える国家法人論を説いた。しかし、ケルゼンによれ
ば法的認識の対象は法以外のなにものでもあり得ず、国家もまた法学の観点
からは法という規範以外の何物でもないと把握されることとなる。

　純粋法学が持つさらなる大きな特徴は、価値相対主義的性格である。ケル
ゼンの考える価値相対主義は、ある特定の実定法秩序を良いとか悪いとかと
評価するような絶対的基準は存在しない、とする立場である。このような絶
対的基準は、科学的認識によっては到底把握し得ない。もちろん、社会には
様々な道徳体系が存在する。しかし、そのうちのいずれの道徳体系も相対的
なものであり、いずれの道徳体系が正しいか、という問いに対して客観的な
解答を与えることはできない、とケルゼンは述べる。道徳がこのように相対
的な性格を持つ以上、実定法秩序がある特定の道徳体系を採用していない、
あるいはそれに反しているとしても、実定法秩序が効力を失うと論じること
はできない。

　このようなケルゼンの立場は、当然ながら自然法論の批判へと向かう。ケ
ルゼンによれば、自然法論には、人間の自然本性から自然法を導く議論（本
書でいう古典的自然法論におおむね該当する）ともっぱら理性によって自然法を導
く議論（本書でいう理性法論におおむね該当する）が存在するが、いずれも誤って
いる。前者についていえば、なんらかの事実の存在を指摘したとしても、そ
こから規範は導かれないとされる。また、後者についていえば、たとえばカ
ントの定言命法は、あらゆる社会秩序を正当化し得る、無内容な主張にすぎ

ないとされる。なお、ケルゼンの古典的自然法論批判において注意しておきたいのは、もはやケルゼンにとって目的論的自然観はそもそも問題とならないということである。目的論的自然観は、事実と規範の厳格な区別自体を認めない。自然はすべて目的に向かって動く（自然本性を実現する）という傾向を持ち、そしてそれは同時に道徳的に正しいのである。しかし、ケルゼンはこのような一元論的世界観は自分の採用する世界観ではなく、自身の採用する世界観は、事実と規範の二つの領域から成立する二元的世界観であるとするのである。

　このようなケルゼンの価値相対主義的態度は、政治体制としての民主主義の擁護へとつながる。絶対的真理と絶対的価値を人間が認識することは不可能である、と考える者は、自分の見解のみならず、他者の見解をも少なくとも可能なものと見るだろう、と『民主主義の本質と価値』等においてケルゼンは述べる。絶対に正しい政治的信念、政治的意見は存在しない以上、すべての政治的意思が平等に尊重されなければならない。このことから、たとえば平等な表現の機会が保証されるような民主主義が正当化されるのである。

・❸・
強制としての法

　さて、続いて、ケルゼンの純粋法学の具体的な内容について確認していこう。ケルゼンは、法を考察する際、関心の力点に応じて法理論は静態的理論と動態的理論に区別されるとする。前者は、対象である法を有効な規範の体系として静止状態において捉えようとし、後者は、法が創造され適用される法的過程として捉えるものである。前者における鍵概念は強制、後者における鍵概念は授権あるいは規律である。ケルゼンは、まずは純粋法学を法の静態的理論として構築し、次いで、法の動態的理論を付け加えた。以下では、前者から見ていこう。

　すでに見たように、ケルゼンにとって法は規範であり、規範とは、人間に対し特定の行動を命じ、あるいは禁止するものである。しかし、規範と呼ば

れるものは法だけではなく、宗教や道徳も存在する。ケルゼンによれば、これらの規範は、命令に対する違反がなされた時の制裁のあり方によって三種に区別される。第一の類型は、違反に対してなんらの制裁も結び付けないものであり、「汝の敵を愛せ」と命ずるキリスト教等に見られるものである。第二の類型は、命令の遵守に賞を、不遵守に罰を与える秩序である。具体的には、命令を遵守した者は仲間に賞賛され、命令を遵守しなかった者は非難される、というようなことが考えられる。道徳はこのような規範である。第三の類型もまた、命令と制裁を結び付けるが、特定の行動を、その反対の行動に不利益（すなわち、生命や健康、自由、名誉、財産等を剥奪するという害悪）を結び付けることによって指示する。たとえば、「人を殺す」という行動を行う者に対して「死刑」という害悪を与えることによって、「人を殺さない」という特定の行動を指示するという特徴を持つ。このような害悪、すなわち広い意味における刑罰は、その対象者の意思に反してでも課されるものであり、対象者が抵抗するならば、物理的な力を行使してでも課されるので、このような制裁は、強制行為という性格を持つ。強制行為を制裁として定める秩序を強制秩序ともいうことができる。このような意味での強制秩序こそが、ほかの規範と区別された法の特徴である。このような法（秩序）の特徴についてもう少し確認しておこう。

　第一に、すでに見たように、法秩序は生命や自由、財産といった、法が価値あると考えたものを強制的に剥奪するという点において、ほかの社会秩序（道徳的秩序や宗教的秩序）とは異なる。たとえば道徳による制裁は、規範に適合した人々に対して是認をし、適合しない行為をした人々を否認するという点にのみある。

　第二に、典型的な法秩序（すなわち、近代的な法秩序であり、ケルゼンの純粋法学の主要な対象はこのような秩序である）は一定程度の集権的性格を有する。すなわち、未開の法秩序においては有害な事態に対する制裁は自力救済という形で発生するが、法秩序が一定程度の集権段階に達するならば、ある具体的事例において法違反が存在するか、誰が有責であるかということに対する判断

は被害者本人ではなく、このような判断を行う特別な機関、すなわち独立の裁判所によって行なわれる。これに対し、道徳においてはこのような集権的機関は存在しない。

　第三に、法秩序が関わるのは、社会的に有害と見なされた行為に対し、強制的に罰を課すことであって、功績に対して褒賞を与えることではない。確かに、法はしばしば功績に対して称号や勲章を授与するといった形で賞を与えることがあるが、しかし、このようなことはすべての法秩序に共通ではないし、法秩序の本質的要素でもなく、強制秩序としての法という観点から見れば従属的なものである。

　法の本質を強制に見るこのような議論から、第一次的規範と第二次的規範、そして授権規範の区別が生じる。道徳や宗教のようなほかの規範も「人を殺すな」、「人の物を盗むな」という命令を行っており、法が命令的性格を有するというだけでは、法と道徳や宗教は区別できない。したがって、法の本質は、「法が命令したものと反対の行動がなされたことを要件として強制行為が効果として加えられるべきである」という点にある。「人を殺すな」という命令は法の本質ではない。法の本質は、たとえば日本における殺人罪（刑法第199条）の場合であれば、「ある者が人を殺したならば（要件）、その者に対して死刑又は無期若しくは五年以上の懲役を課すべし（効果）」という、公機関、とりわけ裁判官に対する命令として現れることとなる。したがって、裁判官に対する規範（「ある者が人を殺したならば、その者に対して死刑又は無期若しくは五年以上の懲役を課すべし」）は第一次的規範と呼ばれる。これに対して、強制行為を避ける行為を定める規範（「人を殺すな」）は、本来は不要であり、第一次的規範に依存しているため、第二次的規範と呼ばれる。

　次に授権規範について説明しよう。授権規範とは、特定個人に権限、すなわち法規範を創造する力を付与する規範である。このような規範については、以下のような例を想定するとわかりやすいであろう。窃盗犯に対して懲役刑を課す法規範について考えてみよう。この懲役という刑罰執行は、窃盗という行為が行われれば（要件が満たされれば）自動的に下される（効果が発生

する）ものではない。窃盗という事実は、権限ある裁判所によって認定され
なくてはならず、その上で裁判所は制定法や慣習法に従って刑を宣告し、ほ
かの機関が刑を執行することとなる。このように刑事制裁、すなわち強制が
執行されるためには、窃盗という事実が発生するという形で要件が満たされ
るほかに、しかるべき手続きが満たされる必要があるのである。これらの手
続きについて定める規範を授権規範という。これらの授権規範は、強制行為
が発動するために不可欠の要件をなしているが、しかし、それ自体が強制行
為について定めているわけではない。したがって、ケルゼンは、あくまでも
強制行為を定める規範に依存して存在しているという意味で、これらの規範
を（先に見た第二次的規範と併せて）非独立的法規範と呼ぶ。これに対して、強
制行為について定める法規範（先に見た第一次的規範）は独立的規範というこ
ととなる。また、このような非独立的規範として、ほかの規範に用いられた
概念を定義したり、ある規範に別の仕方での公定解釈を与えたりする等し
て、その規範の意味を詳述する規範も挙げられる。たとえば「殺人とは故意
に他者の死をもたらす人間の行動である」というような条文がそれにあた
る。このような規範も第一次的規範に依存して存在しているため、非独立的
規範である。

・❹・
法の段階構造

　続いて法の動態的理論という観点からケルゼンの議論を見ていこう。具体
的な議論に入る前に、「効力」（「妥当性」とか「有効性」という言葉もほぼ同じ意味
で用いられる）と「実効性」の相違について確認しておこう。ケルゼンの説明
するところ、効力とは、規範特有の存在のありかたであり、自然的事実とは
区別される。規範は命令である以上、誰かによって意思されるあるいは設定
されるのだが、効力はこのような意思行為それ自体とは独立の存在である。
たとえば殺人を禁止する刑法第199条という規範は、この規範を意思した者
（たとえば国会議員）がすべて死に絶えようと、廃止されない限り効力を持ち

続ける。このような法の効力の根拠を求める議論は、しばしば効力（妥当）根拠論といわれる。そして、ケルゼンにおいてこの効力は、先に見た実効性とは厳格に区別される（ただし、こちらも先に確認したように、法の実効性が存在することは効力を論ずるための前提条件ではある）。したがって、法は、「現実に遵守されている」という事実以外から効力を獲得しなければならない。

　さて、ケルゼンによれば、効力根拠の性質に応じて、規範の体系は静的型と動的型に区分される。規範が、その内容のゆえに効力を持つ、すなわち、当該規範は、より上位の別の規範に包摂されるがゆえに効力を持つ場合は、当該規範体系は静的型に属する。たとえば、「嘘をつくな」、「だますな」、「約束を守れ」、「偽証するな」といった個別的諸規範は、「正直であれ」というより上位の普遍的な規範に包摂され、このような規範によって導かれる。すなわち、静的型の場合、個々の規範は、普遍から個物への論理的推論によって導かれる。道徳規範は、このような静的型の規範体系に属することが多い（ただし、動的型の規範体系に属することもある）。

　これに対し、動的型の規範体系においては、上位規範と下位規範の関係は授権関係にある。すなわち、ある規範が効力を有するのは、上位規範によって設定されたからである。たとえば、父親が子に対し「学校へ行け」という規範を命じる根拠は、「子は父親の命令に従うべきである」というより上位の規範において存在する。静的型と異なり、動的型においては、下位の規範の内容は上位の規範に含まれているわけではない。すなわち、「子は父親の命令に従うべきである」という規範の内容に、「学校へ行け」という規範が含まれているわけではない。上位の規範は、父親に対して、規範を創造する権限を認めている（授権している）にすぎない。

　このように規範体系は静的型と動的型に属するのだが、法秩序は本質的に動的性格を有する。この点においても、道徳と法の相違を見いだすことができる。ケルゼンの考えでは、個々の法規範はより上位の法規範によって授権される（法規範はより上位の法規範の定める仕方で創造される）ことによってのみ効力を獲得する。具体例を挙げよう。たとえば、死刑執行人がある人間の生命

を強制的に奪ったとする。このような事態については、以下の問いと解答の
連鎖が生じるだろう。

（1）人を殺すというこの行為が殺人罪ではなく、刑罰の執行行為と見な
　　　されるとすれば、それはなぜか
　　　→判決という個別的な法規範がそれを命じたからである
（2）なぜ判決という個別的な法規範が効力を有するのか
　　　→判決は（殺人に対して死刑を課すという）刑法の適用として設定され
　　　　たから効力を有する
（3）なぜ刑法は効力を有するのか
　　　→刑法は議会が議決したものであり、この議会に憲法が一般的法規
　　　　範を設定する権限を賦与したからである

　このように個別の法規範はその効力の根拠を求めて上位の法規範にさかの
ぼっていくこととなる（逆からいえば、個別の法規範は上位の法規範に授権されてい
る）。これを法の段階構造という。法秩序は、このような段階構造によって
統一的秩序たり得るのである。

　このような段階構造に関するケルゼンの議論は、法解釈論とも関係してい
る。すでに確認したように、憲法と法律、法律と判決のような法秩序の上位
段階と下位段階の関係は授権（規律）関係にほかならない。このような授権
によって下位規範制定や執行行為を行うための手続きや、規範や執行行為の
内容が定められることになる。しかし、その際、上位規範が下位規範をあら
ゆる点で拘束し尽くすことはできず、時には大きな、時には小さな自由裁量
が認められざるを得ない。したがって、上位規範は下位規範に対する枠とし
ての性質を持つ。たとえば、機関Aが「機関Bは国民Cを逮捕せよ」と命
じた場合、機関Bは、いつ、どこで、どのようにして逮捕するかを自身の
裁量によって判断せざるを得ない。機関Aがこれらすべての条件について
あらかじめ予見することはできないからである。このような裁量は、規範を

制定する行為であれ（たとえば立法行為）、規範を執行する行為であれ（たとえば判決や、死刑執行）、変わりはない。このような裁量は、上位の機関が意図的に認める場合もあるし、文章や言葉の多義性という原因により、上位の機関が意図せずに生じる場合もある。このように考えるならば、法適用にあたっては、複数の可能性が存在しており、法の言語的表現が有する意味の中で（つまり枠の範囲内で）どれを選んでも合法的である。解釈という作業が認識対象の意味を認識することを指すのであれば、法解釈とは、このような可能な解釈の枠を認識する作業にとどまるということになり、それ以上の目的、すなわち枠の中でも唯一正しい解釈を求めることは学問的作業とはいえないということととなる。

　さて、このように、ケルゼンにとって法規範の効力はより上位の法規範によって授権されることによってのみ認められる。先ほどは、死刑執行の法的効力の根拠は憲法に求められると説明した。では、憲法それ自体はいかなる効力根拠に基づいているのか。ケルゼンによれば、現行憲法の効力根拠は、かつての憲法が改正規定に従って改正された点に求められる。ではかつての憲法がなぜ効力を有していたかといえば、さらに一つ前の憲法の改正規定に従って改正された点に求められる。このように法の効力根拠をさかのぼっていくならば、歴史的に最初の憲法にさかのぼることになる。すでに確認した法の段階構造の観点からすれば、個別の法規範の根拠はより上位の法規範に求められるほかない。しかし、このようなさかのぼりをいつまでも続けるわけにはいかない。このようなさかのぼりを中断させるものが「歴史的に最初の憲法の定めるように行動すべし」とする命令を行う根本規範である。

　このような根本規範は、現実に存在するものではなく、単に思考上で前提されたもの、仮説であるとケルゼンは強調する。このような根本規範は、誰かが作り出したものではなく、その点において、ほかの（誰かにより意思されたり設定されたりした）実定法規範とは根本的に区別される。ケルゼンは、このような根本規範という想定が、決して自身の恣意的な発明品ではないと強調する。根本規範は、法の効力を客観的に認識しようとするならば論理的に

不可欠なのであり、すべての法律家が大抵は無意識に行っていることを意識
に上らせたにすぎないとケルゼンはいう。

　なぜ根本規範なるものを想定せざるを得ないのか、という点については、
先に確認した新カント主義を踏まえていないと理解しにくい。事実と規範の
区別に固執するケルゼンの見解では、規範は規範によってしか正当化され得
ない。ある規範が誰かによって設定されたり人々によって受け入れられたり
しているという事実は規範を正当化しない。したがって、個々の法規範の効
力はもちろん、根本規範の効力もほかのより上位の規範によって与えられる
ほかない。しかし、ある法秩序における最高の規範である根本規範は、最高
の規範である以上、より上位の規範によってその効力が与えられることはで
きない。つまり、ケルゼンのように事実と規範を区別するなら、根本規範が
仮説だとして想定されることには相応の理由があるのである。逆にいえば、
ケルゼンのように事実と規範を区別しないならば、根本規範のようなものを
想定する必要はない。たとえば、しばしばケルゼンと比較されることの多
い、イギリスの法哲学者であるＨ・Ｌ・Ａ・ハート（1907年‐1992年）は、事
実と規範を（少なくともケルゼンほどには）厳格に区別しないため、法体系を論
ずるにあたり、根本規範のようなものを想定しなかった。根本規範論を受け
入れるかどうかは、単なる法の認識方法の問題というよりも、究極的には、
世界観の問題である。

15

ナチス・ドイツと再生自然法論

　かつての研究においては、ドイツにおけるナチスの台頭の要因の一つに、法律家における法実証主義の浸透が挙げられることが多かった。第二次世界大戦後における自然法論の復興（再生自然法論）もこのような観点から正当化されてきたのである。しかし、今日においてはナチスと法実証主義を結び付けて論じる傾向は廃れつつある。以下では、再生自然法論が果たした役割と、ナチスを支えていた思想の一端について確認していこう。

❶
ラートブルフ・テーゼ

　よく知られているように、第二次世界大戦後のドイツの思想界はナチスに対する反省から始まった。このような動向は、法思想においても変わりない。19世紀後半から20世紀初頭にかけての法学における様々な立場が、ナチスを生み出した土台となったと断罪され、ナチスを生み出す土台とならなかった法学上の立場は存在しなかったかのように語られた。たとえばナチス登場期にはすでに亡くなっていたギールケのようにローマ法に対するゲルマン法の意義を強調した論者にもまた、ナチスを生み出した責任が負わせられた。

　しかし、戦後の長いあいだ、法学においてナチスを生み出す土台となったと捉えられてきたのは、法実証主義である。このような見方はドイツの法哲学者であるグスタフ・ラートブルフ（1878年 - 1949年）によって強く主張された。

　一般に理解されるところによれば、第二次大戦前のラートブルフは、新カント主義の流れをくむ価値相対主義者であった。ラートブルフは、正義、合

目的性、法的安定性といった三種類の「法の理念」が存在すると説くが、これらの法の理念のうち、ラートブルフは法的安定性を正義に優位するものと主張することによって、法実証主義の立場に立った。このような戦前の立場に対し、ナチスによる邪悪な行いに衝撃を受けた戦後のラートブルフは、自然法論者へと転向した（このようなラートブルフの転向を指して、しばしば新約聖書において描かれた、ダマスカスにおいて生じたパウロのユダヤ教からキリスト教への回心になぞらえて「ダマスカスの回心」という表現が用いられてきた）。このような転向を表明したものとして有名なのが「五分間の法哲学」（1945年）や、「制定法の形を取った不法と制定法を超える法」（1946年）である。これらの論文において説かれるところによれば、法実証主義者は「法律は法律だ」という原則を出発点としている。このような法実証主義は、法律家や国民を、非常に恣意的な、非常に残忍な、非常に犯罪的な法律に対して無抵抗とした。この法実証主義の見解は、究極においては法と力を同一視する。このような法実証主義の立場に対してラートブルフは、法は正義への意思であると定義し、あらゆる法的規則よりも有力で、それに反する法が妥当性を失うような法の諸原則が存在すると主張する。このような法の諸原則をラートブルフは自然法という。このようなラートブルフの提言を一つの大きな契機として自然法を再評価する流れを再生自然法論という。ただし、ラートブルフの弟子であるアルトゥール・カウフマン（1923年 – 2001年）を筆頭として、近年においては戦前と戦後のあいだで、ラートブルフには「回心」と呼べるような劇的な変化は存在せず、元来、ラートブルフは（カウフマン自身が明確にそのような立場を取ったように）自然法論と法実証主義のあいだの第三の道を模索していたのであり、戦前と戦後のあいだに存在するのはせいぜいのところ強調点の相違にすぎないとする有力な見解も存在する。

　さて、大戦後にラートブルフが行った主張は、しばしば「ラートブルフ・テーゼ」とまとめられ、広く知られるようになった。論者により整理の仕方は多少違うが、ラートブルフ・テーゼは、おおむね以下の内容を持つ。すなわち、ナチスの台頭を許した原因の分析として（1）「価値に盲目な法実証

主義こそがナチスの不法を許した」というものと、ナチスの台頭を踏まえた上での指針として（2）「不正な法律はもはや法ではない」というものである。以下では、この二つのテーゼを中心に、ナチス期およびそれ以後の法思想を確認していく。まずは、後者から見ていこう。

・❷・
再生自然法論

　ラートブルフの主張において典型的に見られるような、法実証主義に抗して自然法を再生しようとする動きは、戦後ドイツの法実務においてもしばしば現実化された。すなわち、ナチス政権下においては合法的であった行為が戦後に違法であると判断されるような事例がしばしば見られた。このようにナチス政権下での制定法の効力が否定される場合、明示的に自然法に言及される場合も、そうではない場合もあったが、いずれにせよ「自然法によって制定法の効力が否定された」と考えなければ十分に理解できないような多くの事例が存在していた。とりわけこの種のものとして有名なのは、（ナチス政権下において奨励されていた）反ナチス的言動を行った者に対する密告行為が、戦後において処罰された事例である。具体的には、以下のような事例が挙げられる。

　1943年、あるトラック運転手がヒトラーの悪口をいったとして、ナチスの地区指導者へ訴えられた。その結果、その運転手は、総統の人格を傷つけたという理由で、死刑判決を受け、処刑された。訴えたのは、このトラック運転手の元同僚であった。元同僚は、密告の二ヶ月ほど前に会社に解雇されたのであるが、元同僚は自身が解雇された原因はトラック運転手にあると考え、恨みを抱いていた。戦後に、この元同僚の密告行為が問題となった。

　まず、確認しておく必要があるのは、このような密告行為はナチスが奨励するところであり、ナチス政権下当時の基準に従えば、元同僚の行為に違法性が存在すると判断することは困難であり、このような密告行為を処罰することは、刑罰を科すためには事前に罪と罰が法律によって定められておかな

ければならないという罪刑法定主義の原則に反すると考えざるを得ないことである。ところで、戦後ドイツを支配していたアメリカ、イギリス、フランス、ソ連の連合国は、共同管理委員会を設置し、ドイツにおける戦争犯罪人を処罰するために管理委員会法第10号を制定した。本論点との関係で重要なのは、（a）平和に対する犯罪、（b）戦争犯罪、（c）人道に対する犯罪、（d）国際軍事裁判所が確認した犯罪的特徴を持つ団体、もしくは組織への所属といった四種類の犯罪を規定している管理委員会法第10号第2条第1項である。実務においては、とりわけ（c）人道に対する犯罪が、ナチス支配下当時において行われた行為に対してしばしば遡及的に適用され、処罰された。

　本事例については、当初、ジーゲン地方裁判所は罪刑法定主義の観点からトラック運転手の行為を不処罰としていたのだが、1947年6月21日、ハム高等裁判所の決定により、人道に対する犯罪が引き合いに出された上で地裁判決が破棄された。その際、注目しなければならないのは、「その行為の内容が極度に不法であるため、法律なければ刑罰なしという原則を破ることが倫理的理由からして正当だと考えられる行為」については、「実質的正義」の観点から処罰を加えることができる、とされている点である。ここでは明確に、再生自然法の思想が法実務において現れているのである。

　とはいえ、このような再生自然法論が、罪刑法定主義等の近代法の原則と対立していることは否定できず、戦後処理が一段落した後、この理論はそれほど積極的には法実務に現れないようになる。ただし、このような再生自然法論の実務における適用は、必ずしもナチス処罰に関してのみ行われたわけではなく、東西ドイツ統一直前に、国境を越えて東ドイツから西ドイツへの亡命を図った市民を東ドイツ政府の命令に従って射殺した国境警備兵が、東西ドイツ統一後、起訴された（四人のうち一人が有罪判決を受けた）壁の射手事件においても行われている。

・❸・
法実証主義の責任？

　続いて検討するのは、ラートブルフ・テーゼの（1）の部分、すなわち、「価値に盲目な法実証主義こそがナチスの不法を許した」という主張が適切なのか、という問題である。戦後しばらくのあいだとは異なり、今日では「法実証主義＝ナチス台頭の元凶（の一つ）」という見方に対する支持はかなり少ない。それは、ナチスの法実務に関する研究が進むにつれて、ナチスを支えた法思想（それを単純に定式化することは困難であるが）を法実証主義である、と見ることが困難であると認識されるようになってきたからである。このような研究は、たとえば以下の点を指摘する。

　①ユダヤ人迫害という政策は、ユダヤ人を迫害する法律が成立する以前に司法実務の中にすでに取り込まれていたのであり、法律が成立してはじめて司法実務において実行に移されたものではない。

　②個別的ケースはともかく、全体としてみるならば、ナチス司法は、法律による拘束を軽視し、むしろ価値による拘束を重視していた※。

　③ナチスが政権を掌握した後に成立した法律のみならず、ナチス政権成立以前に制定された諸法律についても、欠缺補充や無制限の解釈、一般条項の大胆な援用等により、ナチス的世界観に基づいた判決が下されていた（たとえばユダヤ人に対する解雇や賃貸借の保護の拒否等）。

　④ナチス司法実務においては、裁判官が法律に厳格に拘束されるよりも、たとえば公序良俗条項のような一般条項が頻繁に用いられていた。

※　このことは、1945年5月13日のニュルンベルク特別裁判所におけるカッツェンベルガー事件判決において示されている。この事件においては、ドイツ人女性と婚外性交渉を持ったユダヤ人商人カッツェンベルガーが被告であった。典型的なナチス法である「ドイツ人の血統と名誉を保護するための法律」によれば、ドイツ人女性と性交渉を持ったユダヤ人男性に対し、懲役刑が科されるべきことが定められている。「法律は法律だ」という原則に従えば、カッツェンベルガーに科されるのは、最も厳しくとも懲役刑ということとなる。しかし、この判決においては、「民族の敵対者に関する法律」が要請している「健全な民族感情」という判断基準に基づいて死刑判決が下されている。

　例外状態論でよく知られるカール・シュミットは、制定法に対して（制定法の背景をなす）秩序の優位を説く具体的秩序思想によって、一時期ナチス内部において卓越した地位にあったが、彼の具体的秩序思想は、少なくとも部分的には、このようなナチスの法実務を適切に説明する。彼の見解によれば、法解釈というものは、単に制定法（法律）を解釈する作業ではなく、制定法の背景にある具体的秩序を考慮して行われなければならない。このような具体的秩序の制定法に対する優位は、一般条項の頻用（このような傾向はすでにワイマール期の実務において見られていた）において顕著に表れる。現代の法実務が一般条項なしに行われ得ないのは、制定法に対する秩序の優位を示すものであり、裁判官たちは一般条項（公序良俗条項等）を通じて、ナチスの法原理（たとえば反ユダヤ主義）によって制定法を改廃することが許されているのだが、このことは、具体的秩序秩序思想によって正当化されるのであるとされる。こういったシュミットの思想は、むしろ、裁判官の制定法に対する拘束をゆるめることに資することとなる。

　このようにナチス法実務を見ると、ナチスを生み出したのは、ラートブルフがいうところの法実証主義ではなく、（もちろん、その原因の一端にすぎないが）裁判官による法律への忠誠をやわらげた自由法運動に責任があったのではないか、とする議論にも一定程度の説得力が現れてくるだろう（たとえばシュミットと自由法運動の関係はしばしば指摘されている）。また、近年では、なぜラートブルフが誤った時代診断をしたのか、という点について議論が行われることもある（たとえば、自身に近い存在であった裁判官たちが負うべき責任を免責しようという意図がラートブルフにあったのではないか、という議論が存在する）。

16

現代の法思想

　本書を終えるにあたり、H・L・A・ハートおよびジョン・ロールズと
いった20世紀後半における二人の重要な思想家の議論を、本書がここまで描
いてきた法思想史の流れの中において位置付けておきたい。以下の議論は、
(本書が通例そうである以上に)網羅的なものではなく、本書の関心に強く沿っ
た説明にとどまっている。

　さて、この時代における法思想の大きな特徴は、「人間はいかに生きるべ
きか」という問題を、法思想という領域から切り離す傾向がますます強まっ
た点にあるといえる。第一に取り上げるのは、イギリスの法哲学者である
H・L・A・ハートの議論である。ハートにとって法は一個の社会現象、社
会的事実であり、彼はこのような観点から、法をみずからの、そして他者の
行動の基準である社会的ルールとして把握することが法を理解するために最
も重要な視点であると考えた。その上で彼は、法というルールを道徳やマ
ナーといったほかの社会的ルールと区別する基準として、法には、人々に責
務を課すための一次的ルールのみならず、なにが当該社会における法的ルー
ルであるかを承認するための承認のルール、法的ルールを変更するための変
更のルール、法的ルール違反に対し裁決を行うための裁定のルールといった
三つの二次的ルールが存在することを挙げる。

　彼の自然法に対する理解もまた、法を社会現象と見るこのような視覚に基
づいている。

　まず、彼は、目的論的自然観こそが自然法論と呼ばれる思想の背景にある
ことを指摘しつつ、このような思考方法が現代の思想になじまないことを指
摘する。彼にとっては、アリストテレスやトマスの自然法論は、あまりにも
形而上学的なのである。しかし、ハートは、ホッブズ等を参考としつつ、人

間の目的は生存であるとする。ただし、ここでハートがいう目的は、人間は一般的にいって、生きることを望むという経験的事実を示しているにすぎない。このような経験的事実のゆえに、様々な社会において法は類似した内容を持つこととなり、このような内容を指してハートは「自然法の最小限の内容」という。しかし、ここでハートが述べている自然法は、本書が取り扱ってきた自然法とは大きく異なり、様々な社会において法が共通した内容を持つことが多いという事実を説明するための用語にほかならない。

次に、アメリカの哲学者であるジョン・ロールズ（1921年 – 2002年）の正義に関する議論を取り上げよう。1971年に公刊された『正義論』におけるロールズの課題は、社会的正義、すなわち、社会の成員のあいだで権利や義務がいかなる形で分配されるべきかという社会の基礎構造に関する問題を探求することにある。この問題につき、ロールズは、社会全体の幸福（＝善）を最大化することこそが正義にかなっていると考える功利主義に対し、社会全体の幸福のために個人の権利を犠牲にすることは許されないこと、社会の基礎構造に関するルールである正義は、人々が有している特定の善の構想（幸福や望ましいライフスタイルに対する人々の考え方）に依拠してはならないことといった理由から批判を加えた。このように、社会的正義を論ずるにあたり、特定の善の構想に依拠するべきではないとする議論は、リベラリズムと呼ばれる。

ロールズは、ロック、ルソー、カントといった社会契約論の伝統に触発されつつ、我々が有する道徳的直感と道徳的原理の相互往復である反照的均衡によって導き出された原初状態（社会契約論でいう自然状態）において合意されたものこそが正義の内容であるべきだ、と主張する。ロールズのいう原初状態の最大の特徴は、正義の内容を決める契約当事者たちに情報の制約がかけられていることである。原初状態にいる契約当事者は、正義（社会の基礎構造）について決定するにあたり、人間社会に関する一般的事実は知っているが、自分自身の目的（善）や、自分の社会的地位、階級、社会的身分、生来の資産、才能の分配・分布におけるみずからの運、すなわち自分の知力、体力については知らないと想定される。このように契約当事者に情報の制約を

かけるものをロールズは無知のヴェールという。また、このような原初状態にいる契約当事者たちは、自分の目的（善）の最大限の実現を図ることをもっぱらの目標として行動すると想定されているが、自分自身の善について各人は知らないため、自分がどのような善を有していようとも、自分の善を実現するために必要となるであろうもの（社会的基本財）の分配に関心を持つとされる。ロールズによれば、このような当事者たちのあいだでは、正義の二原理と呼ばれるものが社会の基礎構造として合意される。正義の二原理のうち、第一原理は、お互いに両立する限り、各人に対して最大限の基本的自由が認められなければならないとする平等な自由原理である。第二原理は、人々のあいだでの社会的・経済的不平等は許容されるが、そのような不平等は（1）最も不遇な人々の最大の便益に資するものでなくてはならない（格差原理）、（2）職務と地位は公正な機会均等の諸条件のもとで各人に開かれてなくてはならない（公正な機会均等原理）という二つの条件を満たしていなければならないというものである。

　さて、ロールズは、1993年の『政治的リベラリズム』等の著作において、『正義論』においては明確化されていなかった、（正義の）政治的構想と包括的教説とを区別するという、一つの大きな説明を付け加える。ロールズが政治的構想と呼ぶものは、政治的・社会的基礎構造に適用されるものであり、（ロールズ自身の立場である）公正としての正義はその一解釈である。ロールズはこの政治的構想を、包括的な宗教的・哲学的・道徳的教説（包括的教説）と区別している。包括的教説とは、すべての主題に適用されすべての価値を包含する教説である。たとえば、人間とはどのような存在であり、どのような存在であるべきかを問うような宗教的、哲学的、道徳的議論はこの包括的教説に属する。本書で取り扱った多くの思想家の議論はこのような包括的教説に属するだろう。ロールズによれば、政治的構想は、なんらかの包括的教説を社会の基礎構造に適用したものではない。ロールズ自身の立場である公正としての正義を含む政治的構想は、社会の基礎構造という政治的なものに射程を合わせたものであるにすぎない。たとえば、政治的構想の一つである公

正としての正義は「人格は自由で平等であるべきだ」と主張する。しかし、ここでいう人格は、なんらかの哲学、たとえばカント哲学のような包括的教説から借用されたものではない。では、公正としての正義という政治的構想にとって、人格の概念はなにに由来するのか。それは、民主的社会の公共的政治文化と呼ばれるものである。公正としての正義にとって人格という概念は、このような政治文化の基本的な文書（憲法や人権宣言）やこれらの文書の解釈の歴史的伝統において、市民というものがどのような存在であるとみなされているかということから作り出されることとなる。

　さて、このようにロールズは包括的教説と政治的構想とを一度切り離した上で、両者に密接な関係がある、という。ロールズは、民主的な社会や、自由な諸制度を持つ社会の特徴は、穏当な多元性の事実にあるとする。穏当な多元性の事実とは、市民たちの道理にかなった包括的教説における深甚で両立しがたい意見の対立を指す。すなわち、道理にかなったと思われる人々のあいだでも、宗教的・哲学的世界観や人生において追求されるべき道徳的・美的諸価値に関する議論は、大きく食い違うのである。しかし、このような穏当な多元性の事実が存在するにもかかわらず、人々は、ある一つの政治的構想について合意することができる、とロールズはいう。それは、各人は対立する包括的教説を持ちつつも、それぞれの包括的教説の内部から、すなわちそれぞれ異なった理由から、特定の政治的構想を支持することができるからである。このように、それぞれの人々が相対立する包括的教説の内部から、それぞれ異なった理由によってある特定の政治的構想について合意していることを重なり合うコンセンサスといい、このような重なり合うコンセンサスは、民主的社会の市民たちが手にすることができる政治的・社会的統合の最も道理にかなった基礎であるとロールズはいう。そして、ロールズの提示する正義の構想はこのような重なり合うコンセンサスによって支持されるものであるとされる。

　ここで注目したいのは、ロールズの議論は、ハートと同様の方向性を有していることである。すなわち、「人間とはなにか」、「人間はなにのために生

きるのか」という問いに（哲学的観点から）答えることは、もはや法思想、政治思想の課題ではない。このような問いに対する解答は様々であり、また相互に深刻な対立を含んでいる。このような問いに対して解答することは法・政治思想の手に余るものであり、法・政治思想は、このような問いに対する解答が人々において多元的であることを所与の前提とした上で、あるべき社会のあり方について議論しなければならないとされているのである。

　しかし、現代でもなお、「人間とはなにか」、「人間はなにのために生きるのか」という問い、本書がいうところの哲学的な問いに応じることが法・政治思想を論じるために不可欠である、と述べる論者は少なくない。ここでは、マイケル・サンデル（1953年 –）の議論を取り上げよう。初期サンデルの議論は、『正義論』においてロールズが想定している人間観が、文化や伝統、共同体が個人に対して有する影響を等閑視した極めて薄っぺらいもの（「負荷なき自我」）であると批判したことで知られる。しかし、本書にとってより興味深いのは、『政治的リベラリズム』以降のロールズに対するサンデルの批判である。サンデルは、ロールズがそうしたように、正義を論じるにあたり、（本書がいうところの）哲学を放棄することは不可能である、と論じる。このことを確認するために、サンデルは、南北戦争直前の1858年に、アメリカ合衆国においてエイブラハム・リンカーンとスティーブン・ダグラスのあいだで行われた、黒人奴隷制と人民主権の関係をめぐる論争について言及する。この論争は、イリノイ州選出アメリカ合衆国上院議員の議席をめぐって、共和党側から出馬したリンカーンと民主党側から出馬したダグラスとのあいだで行われた論争である。なお、この際は、ダグラスが勝利したが、1860年の大統領選において、勝敗は逆になっている。

　サンデルのまとめるところによれば、この論争においてダグラスは、人民主権の立場から、奴隷制の道徳性をめぐる論争に合意が成り立つことはないので、この問題について合衆国の政策は中立的であるべきだと論じた。すなわち、新たに合衆国において創設されたカンザス準州とネブラスカ準州において奴隷制が認められ得るかどうかは、各準州の人民が民主的に決定するべ

きであり、合衆国政府が無理矢理にこの問題に決着を付けようとするならば内戦が生じることとなるだろう（そして、この危惧はすぐ後に南北戦争という形で現実化したのだが）と説いた。これに対して、リンカーンは、政治というものは、奴隷制についての実質的な道徳判断を避けることなく、それをむしろ体現するべきであると論じた。リンカーンは必ずしも奴隷解放論者ではなかったが、奴隷制を認める準州が拡大することは道徳的に許されないと説き、ダグラスに反対した。サンデルの見方では、この論争において争われているのは、道徳的議論を棚上げするべきかどうか、という問題である。ダグラスは、奴隷制の道徳性をめぐる問題を棚上げすることによって内戦の危機を避けようとする。これに対して、リンカーンにとっては、たとえ内戦の可能性のような脅威に直面していたとしても、奴隷制のような深刻な道徳的な問題を棚上げし、政治的な中立性を志向することは、道徳的にも政治的にも意味をなさなかったのである。このような議論に引き続き、サンデルは、ロールズのような立場は、（本人たちは間違いなく拒絶するだろうが）ダグラスの同類であろうと述べる。確かに、ロールズは、奴隷制が人々の権利の権利を侵害するという理由から、奴隷制を否定しようとするだろう。しかし、道徳的議論を棚上げするロールズが本当にこのような主張をすることが可能であるかは疑わしいとサンデルは述べる。ロールズのような立場は、人間の尊厳のような道徳的に論争的な概念に訴えることはできないし、また、ロールズは1830年代および40年代において行われた、奴隷制度の罪悪性を強調する宗教的な議論を用いることはできないとサンデルは述べる。すなわち、サンデルにいわせれば、ロールズが19世紀中頃に生きていたならば、奴隷制をめぐる問題は、黒人は人間であるのかという哲学的な議論を含むため、法・政治思想が取り扱うべきではなく、各個人が判断するべきだ、という（少なくとも今日であれば誰も許容しないであろう）結論に至ることとなったであろうというのである。

　筆者には、サンデルの議論は説得的であるように思われる。しかし、一方ではハートがいうように目的論的自然観が我々にとってなじみにくいものと

なり、他方ではロールズがいうように人間とはなにかという問題をめぐる多元性の事実が存在する状況下（より精確には、このような多元的な状況が尊重されるべきであると多くの人々が考えている状況下）において、一体いかなる形で、いかなる根拠から人間とはなにかという哲学を法思想、法哲学において論じることが許されるのか、という疑問が消滅するわけでもない。現代にふさわしい形で哲学と法思想の関係を論じる道筋の発見は、いまだ前途多難であるといわざるを得ないだろう。

法思想史関連年表

思想家および著作		関連する出来事	
前470/469	ソクラテス誕生（-前399）		
前427	プラトン誕生（-前347）		
前384	アリストテレス誕生（-前322）		
		前323	アレクサンドロス大王死去
前106	キケロ誕生（-前43）		
前51頃	キケロ『国家について』		
		前31	オクタウィアヌスによる地中海世界統一
前1?	セネカ誕生（-65）		
354	アウグスティヌス誕生（-430）		
		410	西ゴート族によるローマ陥落
426	アウグスティヌス『神の国』		
		1096	第1回十字軍開始
1224/1225	トマス・アクィナス誕生（-1274）		
1265	トマス『神学大全』執筆開始		
1588	ホッブズ誕生（-1679）		
1610-1615	ホッブズ第1回大陸旅行（第2回1629-1630、第3回1634-37）		
1625	グロティウス『戦争と平和の法』		
1632	ロック誕生（-1704）		
1640	ホッブズがフランス亡命		
1640	ホッブズ『法の原理』執筆（未公刊）		
		1642	イングランド内戦（ピューリタン革命）開始
1651	ホッブズ『リヴァイアサン』		
1652	ホッブズがイングランド帰国		
		1660	イングランド王政復古
		1679	王位排除法案（第1回）提出
1683頃	ロック『統治二論』執筆（1690公刊）		
1683	ロックがオランダ亡命		
		1688	名誉革命開始
1689	ロックがイングランド帰国		

思想家および著作		関連する出来事	
1712	ルソー誕生（-1778）		
1724	カント誕生（-1804）		
1748	ベンサム誕生（-1832）		
1755	ルソー『人間不平等起源論』		
1762	ルソー『社会契約論』		
1770	ヘーゲル誕生（-1831）		
1779	サヴィニー誕生（-1861）		
1780	ベンサム『道徳および立法の原理序説』（1789公刊）		
1781	カント『純粋理性批判』		
1785	カント『人倫の形而上学の基礎付け』		
		1789	フランス革命開始
1797	カント『人倫の形而上学』		
		1794	プロイセン一般ラント法施行
1814	サヴィニー『立法と法学に対するわれわれの時代の使命について』		
		1815	ドイツ連邦成立
1821	ヘーゲル『法哲学綱要』		
1840	サヴィニー『現代ローマ法体系 第1巻』		
		1848	三月革命開始
1881	ケルゼン誕生（-1973）		
		1900	ドイツ民法典施行
1911	ケルゼン『国法学の主要問題』		
		1933	ナチス政権成立
1945	ラートブルフ「五分間の法哲学」	1945	第二次世界大戦終了
1961	ハート『法の概念』		
1971	ロールズ『正義論』		

主要参考文献

法思想史に関する通史・概説書⋯⋯⋯⋯⋯⋯⋯⋯⋯⋯⋯⋯⋯⋯⋯⋯⋯⋯⋯⋯⋯⋯⋯⋯⋯⋯

石部雅亮／笹倉秀夫『法の歴史と思想』（放送大学教育振興会、1995年）

加藤新平『法思想史』（勁草書房、1999年）

笹倉秀夫『法思想史講義 上・下』（東京大学出版会、2007年）

田中成明／竹下賢／深田三徳／亀本洋／平野仁彦『法思想史』（有斐閣、1997年）

中山竜一／浅野有紀／松島裕一／近藤圭介『法思想史』（有斐閣、2019年）

深田三徳／濱真一郎編『よくわかる法哲学・法思想（第2版）』（ミネルヴァ書房、2015年）

三島淑臣『新版 法思想史』（青林書院、1993年）

森村進編『法思想の水脈』（法律文化社、2016年）

隣接分野における通史・概説書⋯⋯⋯⋯⋯⋯⋯⋯⋯⋯⋯⋯⋯⋯⋯⋯⋯⋯⋯⋯⋯⋯⋯⋯⋯⋯

碧海純一／伊藤正己／村上淳一『法学史』（東京大学出版会、1976年）

宇野重規『西洋政治思想史』（有斐閣、2013年）

勝田有恒／山内進／森征一編『概説 西洋法制史』（ミネルヴァ書房、2004年）

勝田有恒／山内進編『近世・近代ヨーロッパの法学者たち』（ミネルヴァ書房、2008年）

藤原保信／飯島昇蔵編『西洋政治思想史Ⅰ・Ⅱ』（新評論、1995‐1996年）

村上淳一『「法」の歴史』（東京大学出版会、2013年）

フランツ・ヴィアッカー、鈴木禄弥訳『近世私法史』（創文社、1961年）

ジョン・ロールズ、バーバラ・ハーマン編、坂部恵監訳『哲学史講義 上・下』（みすず書房、2005年）

ジョン・ロールズ、サミュエル・フリーマン編、斉藤純一ほか訳『政治哲学史講義Ⅰ・Ⅱ』（岩波書店、2011年）

複数の章にまたがる文献⋯⋯⋯⋯⋯⋯⋯⋯⋯⋯⋯⋯⋯⋯⋯⋯⋯⋯⋯⋯⋯⋯⋯⋯⋯⋯⋯⋯

池田善昭編『自然概念の哲学的変遷』（世界思想社、2003年）

岩田靖夫『ギリシア思想入門』（東京大学出版会、2012年）

内山勝利編『哲学の歴史2』（中央公論新社、2007年）

内山勝利編『哲学の歴史1』（中央公論新社、2008年）

中川純男編『哲学の歴史3』（中央公論新社、2008年）

ロビン・G・コリングウッド、平林康之／大沼忠弘訳『自然の観念』（みすず書房、2002年）

レオ・シュトラウス、塚崎智／石崎嘉彦訳『自然権と歴史』（ちくま学芸文庫、2013年）

ヤン・シュレーダー、石部雅亮編訳『ドイツ近現代法学への歩み』（信山社、2017年）

A. P. ダントレーブ、久保正幡訳『自然法』（岩波書店、1952年）

1　プラトン

プラトン、久保勉訳『ソクラテスの弁明 クリトン』（岩波文庫、1964年）

プラトン、加来彰俊訳『ゴルギアス』（岩波文庫、1967年）

プラトン、藤沢令夫訳『国家』（岩波文庫、1979年）

プラトン、森進一／加来彰俊／池田美恵訳『法律 上・下』（岩波文庫、1993年）

プラトン、岸見一郎訳『ティマイオス／クリティアス』（白澤社、2015年）

プラトン、納富信留訳『パイドン』（光文社古典新訳文庫、2019年）

佐々木毅『プラトンと政治』（東京大学出版会、1984年）

藤沢令夫『プラトン』（岩波新書、1998年）

2　アリストテレス

アリストテレス、出隆訳『形而上学 上・下』（岩波文庫、1959 - 1961年）

アリストテレス、牛田徳子訳『政治学』（京都大学学術出版会、2001年）

アリストテレス、渡辺邦夫／立花幸司訳『ニコマコス倫理学 上・下』（光文社古典新訳文庫、2015 - 2016年）

アリストテレス、内山勝利訳『新版 アリストテレス全集 第4巻 自然学』（岩波書店、2017年）

今道友信『アリストテレス』（講談社学術文庫、2004年）

岩田靖夫『アリストテレスの倫理思想』（岩波書店、1985年）

岩田靖夫『アリストテレスの政治思想』（岩波書店、2010年）

高橋広次『アリストテレスの法思想』（成文堂、2016年）

山口義久『アリストテレス入門』（筑摩新書、2001年）

3　ストア派

キケロー、岡道夫訳『キケロー選集 8 哲学Ⅰ 国家について 法律について』（岩波書店、1999年）

川本愛『コスモポリタニズムの起源』（京都大学学術出会、2019年）

A・A・ロング、金山弥平訳『ヘレニズム哲学』（京都大学学術出版会、2003年）

4　アウグスティヌス

アウグスティヌス、服部英次郎／藤本雄三訳『神の国（1-5）』（岩波文庫、1982 -
　　1991年）
出村和彦『アウグスティヌス』（岩波新書、2017年）
柴田平三郎『アウグスティヌスの政治思想』（未来社、1985年）

5　トマス・アクィナス

トマス・アクィナス、稲垣良典訳『神学大全　第13冊』（創文社、1977年）
渕倫彦「訳注：グローティウス「戦争と平和の法・三巻」（1-2・完）」（『帝京法
　　学』第26巻第2号、第27巻第1号、2010 - 2011年、所収）
稲垣良典『トマス・アクィナス『神学大全』』（講談社、2009年）
太田義器『グロティウスの国際政治思想』（ミネルヴァ書房、2003年）
小林公『ウィリアム・オッカム研究』（勁草書房、2015年）
柴田平三郎『トマス・アクィナスの政治思想』（岩波書店、2014年）
山本芳久『トマス・アクィナス』（岩波新書、2017年）
ジェローム・B. シュナイウィンド、田中秀夫監訳、逸見修二訳『自律の創成』（法
　　政大学出版局、2011年）

6　トマス・ホッブズ

ホッブズ、水田洋訳『リヴァイアサン（1-4）』（岩波文庫、1982 - 1992年）
ホッブズ、田中浩／新井明／重森臣広訳『哲学者と法学徒との対話』（岩波文庫、
　　2002年）
トマス・ホッブズ、本田裕志訳『市民論』（京都大学学術出版会、2008年）
梅田百合香『甦るリヴァイアサン』（講談社、2010年）
重田園江『社会契約論』（筑摩新書、2013年）
長尾龍一『リヴァイアサン』（講談社学術文庫、1994年）

7　ジョン・ロック

ジョン・ロック、加藤節訳『統治二論』（岩波文庫、2010年）
ジョン・ロック、加藤節／李静和訳『寛容についての手紙』（岩波文庫、2016年）
加藤節『ジョン・ロック』（岩波新書、2018年）
ジョン・ダン、加藤節訳『ジョン・ロック』（岩波書店、1987年）
ロバート・ノージック、嶋津格訳『アナーキー・国家・ユートピア』（木鐸社、

1995年）

8　ジャン＝ジャック・ルソー

ルソー、前川貞治郎訳『学問芸術論』（岩波文庫、1968年）

ルソー、中山元訳『人間不平等起源論』（光文社古典新訳文庫、2008年）

ルソー、中山元訳『社会契約論／ジュネーブ草稿』（光文社古典新訳文庫、2008年）

仲正昌樹『今こそルソーを読み直す』（NHK 出版生活人新書、2010年）

福田歓一『ルソー』（岩波現代文庫、2012年）

9　ジェレミー・ベンサム

ベンサム、山下重一訳「道徳および立法の諸原理序説」（『世界の名著38 ベンサム J. S. ミル』（中央公論社、1967年、所収）

戒能通弘『世界の立法者、ベンサム』（日本評論社、2007年）

深貝保則／戒能通弘編『ジェレミー・ベンサムの挑戦』（ナカニシヤ出版、2015年）

深田三徳『法実証主義と功利主義』（木鐸社、1984年）

フィリップ・スコフィールド、川名雄一郎／小畑俊太郎訳『ベンサム』（慶應義塾大学出版会、2013年）

ミシェル・フーコー、田村俶訳『監獄の誕生』（新潮社、1977年）

10　イマニエル・カント

カント、篠田英雄訳『判断力批判 上・下』（岩波文庫、1964年）

カント、樽井正義／池尾恭一訳『カント全集11 人倫の形而上学』（岩波書店、2002年）

カント、中山元訳『永遠平和のために／啓蒙とは何か 他３編』（光文社古典新訳文庫、2006年、所収）

カント、中山元訳『純粋理性批判（1-7）』（光文社古典新訳文庫、2010年‐2012年）

カント、中山元訳『道徳形而上学の基礎づけ』（光文社古典新訳文庫、2012年）

カント、中山元訳『実践理性批判（1-2）』（光文社古典新訳文庫、2013年）

網谷壮介『カントの政治哲学入門』（白澤社、2018年）

網谷壮介『共和制の理念』（法政大学出版局、2018年）

石川文康『カント入門』（ちくま新書、1995年）

石田京子『カント 自律と法』（晃洋書房、2019年）

木原淳『境界と自由』（成文堂、2012年）

ヴォルフガング・ケアスティング、舟場保之／寺田俊郎監訳『自由の秩序』（ミネ

　　ルヴァ書房、2013年）

ユルゲン・ハーバマス、細谷貞雄／山田正行訳『公共性の構造転換 第2版』（未来
　　社、1994年）

11　G・W・F・ヘーゲル

ヘーゲル、金子武蔵／上妻精訳『政治論文集 上・下』（岩波文庫、1967年）

ヘーゲル、長谷川宏訳『歴史哲学講義 上・下』（岩波文庫、1994年）

ヘーゲル、長谷川宏訳『法哲学講義』（作品社、2000年）

ヘーゲル、藤野渉／赤坂正敏訳『法の哲学 I・II』（中公クラシックス、2001年）

ヘーゲル、熊野純彦訳『精神現象学 上・下』（ちくま学芸文庫、2018年）

アダム・スミス、山岡洋一訳『国富論 上・下』（日本経済新聞出版社、2007年）

パシュカーニス、稲子恒夫訳『法の一般理論とマルクス主義』（日本評論社、1986
　　年）

マルクス、エンゲルス編、向坂逸郎訳『資本論（1-9）』（岩波文庫、1969 - 1970年）

マルクス、中山元訳『ユダヤ人問題に寄せて／ヘーゲル法哲学批判序説』（光文社
　　古典新訳文庫）、2014年）

権左武志『ヘーゲルにおける理性・国家・歴史』（岩波書店、2010年）

権左武志『ヘーゲルとその時代』（岩波新書、2013年）

西村清貴「G・W・F・ヘーゲルのサヴィニー批判」（『法学志林』第114巻第1・2
　　号、2016年、所収）

藤原保信『ヘーゲルの政治哲学』（新評論、2007年）

寄川条路『ヘーゲル』（晃洋書房、2018年）

ピーター・シンガー、島崎隆訳『ヘーゲル入門』（青木書店、1995年）

マンフレッド・リーデル、池田貞夫／平野英一訳『ヘーゲルにおける市民社会と
　　国家』（未来社、1985年）

12　フリードリヒ・カール・フォン・サヴィニー

サヴィニー、大串兎代夫訳『法典論争』（世界文学社、1949年）

サヴィニー、小橋一郎訳『現代ローマ法体系（1-8）』（成文堂、1993 - 2009年）

石部雅亮『啓蒙的絶対主義の法構造』（有斐閣、1969年）

笹倉秀夫『近代ドイツの国家と法学』（東京大学出版会、1979年）

西村清貴『近代ドイツの法と国制』（成文堂、2017年）

屋敷二郎『紀律と啓蒙』（ミネルヴァ書房、1999年）

13　サヴィニー以後のドイツ法学

ルードルフ・フォン・イェーリング、眞田芳憲／矢澤久純訳『法学における冗談と真面目』（中央大学出版部、2009年）

エールリッヒ、石川真人訳「自由な法発見と自由法学」（『北大法学論集』第39巻第1号、1988年、所収）

オットー・フォン・ギールケ、庄子良男訳『歴史法学論文集（1・2）』（信山社、2019年）

キルヒマン／ラードブルッフ／カントロヴィチ、田村五郎訳『概念法学への挑戦』（有心堂、1958年）

赤松秀岳『19世紀ドイツ法学の実像』（成文堂、1995年）

14　ハンス・ケルゼン

ハンス・ケルゼン、長尾龍一訳『ハンス・ケルゼン自伝』（慈学社出版、2007年）

ハンス・ケルゼン、新正幸／今井弘道／竹下賢／長尾龍一／森田寛二訳『ハンス・ケルゼン著作集　Ⅳ』（慈学社出版、2009年）

ハンス・ケルゼン、黒田覚／宮崎繁樹／上原行雄／長尾龍一訳『ハンス・ケルゼン著作集　Ⅲ』（慈学社出版、2010年）

ハンス・ケルゼン、長尾龍一訳『純粋法学　第2版』（岩波書店、2014年）

ハンス・ケルゼン、長尾龍一／植田俊太郎訳『民主主義の本質と価値　他一篇』（岩波文庫、2015年）

須藤訓任編『哲学の歴史9』（中央公論社、2007年）

長尾龍一『ケルゼン研究Ⅰ』（信山社、1999年）

15　ナチス・ドイツと再生自然法論

グスタフ・ラートブルフ、尾高朝雄ほか訳『ラートブルフ著作集　第4巻』（東京大学出版会、1961年）

アルトゥール・カウフマン、上田健二訳「グスタフ・ラートブルフ」（『同志社法学』第60巻第1号、2008年、所収）

カール・シュミット、古賀啓太／佐野誠編『カール・シュミット時事論文集』、風行社、2000年）

カール・シュミット、長尾龍一編『カール・シュミット著作集1』（滋学社、2007年）

青井秀夫「実証主義伝説の謎」（岡本勝ほか編『刑事法学の現代的課題』（第一法規株式会社、2004年）、所収）

竹下賢『実証主義の功罪』（ナカヤニシヤ出版、1995年）

広渡清吾『法律からの自由と逃避』（日本評論社、1986年）

オッコー・ベーレンツ、陶久利彦／伊藤剛訳「自由法運動から具体的秩序・形態化思考への歩み」（青井秀夫／陶久利彦編『ドイツ法理論との対話』（東北大学出版会、2008年）、所収）

16　現代の法思想

マイケル・J・サンデル、小林正弥／金原恭子監訳『民主政の不満　上・下』（勁草書房、2010 - 2011年）

H・L・A・ハート、長谷部恭男訳『法の概念 ［第3版]』（ちくま学芸文庫、2014年）

ジョン・ロールズ、エリン・ケリー編、田中成明／亀本洋／平井亮輔訳『公正としての正義　再説』（岩波書店、2004年）

ジョン・ロールズ、川本隆史／福間聡／神島裕子訳『正義論　改訂版』（紀伊國屋書店、2010年）

索　引

著者紹介

西 村 清 貴（にしむら きよたか）

1978年　東京都に生まれる
2001年　法政大学法学部卒業
2015年　早稲田大学大学院法学研究科博士後期課程修了
　　　　博士（法学）
現　在　法政大学法学部兼任講師

主要著書

『近代ドイツの法と国制』（2017年、成文堂）［日本法哲学会奨励賞］

法思想史入門

2020年9月1日　初版第1刷発行

著　者　西　村　清　貴
発行者　阿　部　成　一

162-0041　東京都新宿区早稲田鶴巻町514
発行所　株式会社　成　文　堂
電話 03(3203)9201(代)　FAX 03(3203)9206
http://www.seibundoh.co.jp

製版・印刷・製本　藤原印刷　　　　　　　　　検印省略
©2020 K. Nishimura　Printed in Japan
☆乱丁本・落丁本はお取り替えいたします☆
ISBN978-4-7923-0673-1 C3032

定価（本体2000円＋税）